FY NGHARIAD CYNTAF

bwthyn
GWASG Y BWTHYN

ISBN 978-1-907424-83-0

Cyhoeddwyd gyda chymorth ariannol
Cyngor Llyfrau Cymru

Clawr a lluniau mewnol: Tanwen Haf

Cyhoeddwyd ac argraffwyd gan
Wasg y Bwthyn, Caernarfon
gwasgybwthyn@btconnect.com

Cynnwys

LYN EBENEZER

Ganwyd Lyn Ebenezer ym Mhontrhydfendigaid gan fynd i ysgol y pentref ac yna i Ysgol Uwchradd Tregaron. Treuliodd ddwy flynedd yn y coleg yn Aber ac yna saith mlynedd yn llyfrgellydd yno. Aeth i faes newyddiaduraeth gyda'r *Cambrian News* a'r *Cymro* ac yna i fyd y teledu ar *Hel Straeon* a *Wedi Tri*. Ers 1985 bu'n ysgrifennu gan fod yn gyfrifol bellach  am dros bedwar ugain o lyfrau. Mae yn ôl bellach yn byw yn ei hen gartref yn y Bont ers deng mlynedd.

'Cariad yw clywed chwerthin Anni a Ffredi, fy wyrion.'

SONIA EDWARDS

Mae Sonia Edwards yn byw yn Llangefni, Ynys Môn. Yn Enillydd Gwobr Llyfr y Flwyddyn ac yn Brif Lenor yr Eisteddfod Genedlaethol, mae'n awdur sawl cyfrol o ryddiaith i blant, pobl ifanc ac oedolion. Mae hi hefyd yn credu mewn cariad!

'Cariad yw methu byw heb rywun.'

BETHAN GWANAS

Merch ffarm o Ddolgellau sydd wedi bod yn 'chydig o bob dim, o athrawes Saesneg yn Nigeria i Ddirprwy Bennaeth Gwersyll yr Urdd, Glan-llyn. Bellach, mae'n awdures llyfrau hawdd eu darllen, fel *Gwrach y Gwyllt* ac *I Botany Bay*. Mae hefyd yn dysgu Cymraeg i oedolion ac yn cyflwyno rhaglenni ar S4C (sy'n cael eu hailddarlledu'n dragwyddol – a nacydi, dydi hi ddim yn cael tâl ailddarlledu, iawn!). Ei  llyfrau *Blodwen Jones* i ddysgwyr yw ei llyfrau mwya' poblogaidd, ac mae'n gweithio ar sioe gerdd Blodwen ar hyn o bryd. Mae honno am gariad hefyd, fel mae'n digwydd.

'Cariad yw methu golchi'r cas gobennydd na'i blât cinio fo pan ti'n gwybod na fyddwch chi'n gweld eich gilydd eto am hir.'

LLEUCU FFLUR JONES

Un o Bencaenewydd yn Eifionydd yw Lleucu yn wreiddiol, ond mae bellach wedi ymgartrefu yn Nefyn gyda'i phriod Gavin a'u mab bach, Llew. Y mae'n gweithio yng Nghanolfan Ysgrifennu Genedlaethol Tŷ Newydd yn rhan amser, ac yn ysgrifennu ychydig ar ei liwt ei hun. Enillodd Goron yr Urdd yn Eisteddfod Caerdydd 2009, a chyhoeddodd ei nofel gyntaf, *Twll Bach y Clo* yn 2013.

'Cariad yw'r cysur o wybod nad ydych chi ar eich pen eich hun.'

ELERI LLEWELYN MORRIS

Magwyd Eleri ym mhentref Mynytho ar benrhyn Llŷn ac yno mae'n byw rŵan ar ôl treulio cyfnodau yng Nghaerdydd, yn y brifysgol ac yn gweithio. Ers rhai blynyddoedd bellach bu'n gweithio ar ei liwt ei hun, gan fwynhau'r rhyddid, yr annibyniaeth a'r amrywiaeth. O ran gwaith, y ddau brif beth a wna yw cyfieithu ar y pryd mewn cyfarfodydd o bob math a dysgu Cymraeg i oedolion.

'Cariad yw teimlo'n hapus wrth weld ei gôt ar gefn y gadair.'

IOAN KIDD

Brodor o Gwmafan yng Ngorllewin Morgannwg yw Ioan, ond mae'n byw yng Nghaerdydd ers blynyddoedd lawer. Mae'n briod a chanddo ddau o blant sydd bellach yn oedolion, ac ŵyr bach sydd wedi chwyldroi ei fywyd. Wedi gyrfa hir ym maes rhaglenni plant a newyddion gyda BBC Cymru, mae'n gweithio ar ei liwt ei hun erbyn hyn. Yn awdur pump o nofelau ac un gyfrol o straeon byrion, enillodd ei nofel ddiweddaraf, *Dewis*, wobr Llyfr y Flwyddyn 2014 ynghyd â gwobr Barn y Bobl. Crwydryn yw e wrth reddf, a does dim yn well ganddo na phrofi'r wefr o 'ddarganfod' llefydd newydd.

'Cariad yw gwybod nad wyt ti am ddianc rhag hon.'

MANON STEFFAN ROS

Daw Manon Steffan Ros o Riwlas, Dyffryn Ogwen. Mae'n awdures a dramodydd llawn amser, ac mae wedi ennill sawl gwobr am ei gwaith, gan gynnwys gwobr Barn y Bobl yn seremoni Llyfr y Flwyddyn, a gwobr Tir Na N'Og. Mae Manon yn byw yn Nhywyn, Bro Dysynni gyda'i meibion a chasgliad sylweddol o CDs Bryn Fôn.

'Cariad ydi hormonau anwadal.'

IFANA SAVILL

Mae Ifana newydd ymddeol o Adran Grantiau Cyhoeddi'r Cyngor Llyfrau ar ôl 35 mlynedd hapus a hwyliog yn helpu i geisio cadw trefn ar holl gyhoeddwyr Cymru! Yn ogystal, bu'n ysgrifennu cyfresi teledu i blant megis *Sang-di-fang*, *Caffi Sali Mali* a *Phentre Bach*. Ffilmiwyd *Pentre Bach*, cartref i Sali Mali a'i ffrindiau, ar hen fferm y teulu ym Mlaenpennal ac fe wnaeth hi a'i gŵr Adrian ddatblygu'r lleoliad yn atyniad i deuluoedd ac yn lle ty hunan ddarpar. Nawr, mae'n edrych ymlaen at helpu Adrian, ac i dreulio mwy o amser ym Mhentre Bach.

'Cariad yw cariad, does na ddim esboniad!'

TONY BIANCHI

Brodor o North Shields, Northumberland, yw Tony Bianchi. Treuliodd gyfnodau yn Llanbedr Pont Steffan, Shotton ac Aberystwyth cyn symud i Gaerdydd, lle mae'n byw gyda'i gymar, Ruth, ac o fewn pellter seiclo i'w blant a'i wyrion a'i wyresau. Cyhoeddodd chwe nofel, gan gynnwys *Pryfeta*, a enillodd Wobr Goffa Daniel Owen, a *Dwy Farwolaeth Endaf Rowlands*, a enillodd y Fedal Ryddiaith yn Eisteddfod Genedlaethol Maldwyn 2015. Cyhoeddodd hefyd gyfrol o storïau byrion, *Cyffesion Geordie Oddi Cartref.*

**'Cariad yw, trwy'r cread oll,
Ein hencil rhag difancoll.'**

HYWEL GWYNFRYN

Rydych yn gyfarwydd â'i lais ar y radio a'i wyneb ar y teledu, ond a wyddoch chi mai ei ddiléit mawr yw sgwennu? Mae geiriau wedi bod yn bleser iddo ers yn blentyn ac mae'r profiad o ddysgu adnodau a'u hadrodd yng nghapel Smyrna, Llangefni, yn parhau'n fyw yn ei gof. Mae eisoes wedi ysgrifennu cofiannau'r actor Huw Griffith, a Ryan a Ronnie ac mae'n brysur ar hyn o bryd yn gweithio ar gofiant y canwr enwog, David Lloyd.

'Cariad yw bod yn barod i gyfaddawdu drwy'r amser.'

ERYL CRUMP

Gohebydd gyda'r papur newydd dyddiol *Daily Post* yw Eryl Crump. Mae'n byw yn Llangristiolus ger Llangefni ers dros 30 mlynedd ond hogyn o Flaenau Ffestiniog ydyw ac mae'n falch o hynny. Ar ôl wythnos galed o sgriblo newyddion does dim byd gwell ganddo na chrwydro cefn gwlad Cymru a thu hwnt. Mae gan Eryl a'i wraig Edwina ddau o feibion ac mae'n daid balch i Elain Gethin a Mererid Ifan.

'Cariad yw bod yng nghwmni fy nghymar.'

GAYNOR DAVIES

Merch sydd wedi byw yn ychydig o bobman gan gychwyn yn y Felinheli, cyn symud i Lanrwst, Llandudno, Caerdydd ac yna ger pentref Llanrug yng Ngwynedd. A dyma ferch sydd wedi gwneud ychydig o bob dim – cyflwyno ar y teledu ac ar y radio, cynhyrchu rhaglenni, a chomisiynu rhai, heb anghofio bod yn weinyddes mewn siop ac mewn caffi! Ond y swydd bwysicaf, anoddaf ac sydd wedi dod a mwyaf o bleser iddi ydi bod yn fam i Steffan Llyr.

'Cariad yw teulu a ffrindiau da!'

MANON STEFFAN ROS

La La La La La-La-La-La La La La La

Fedra i ddim cofio'r union dro i mi ei weld o am y tro cyntaf. Mae o wedi bod yna erioed, rhywsut, ac mae cloddio f'atgofion am y tro cyntaf i mi fod yn ymwybodol ohono fo fel trio cofio'r tro cyntaf i mi weld y lliw coch neu flasu siocled. Yr unig beth dwi'n ei wybod i sicrwydd ydi, erbyn i albym Sobin ddod allan, 'mod i'n chwech oed a dros fy mhen a'm clustiau mewn cariad.

Bryn Fôn.

Roedd y clawr yn ddigon amdana i. Bryn (fel oedd o i mi, doedd neb yn galw syrnâm ar eu cariad!) wedi ei beintio fel clown, yn drist ac yn llawn difrifoldeb ac yn ddelach na Tom Cruise a Kevin Costner a Barry John o *Pobol y Cwm* i gyd efo'i gilydd. Ro'n i wedi cael chwaraeydd casetiau gan Siôn Corn, ac mi gafodd y tâp ei chwarae'n dwll, minnau'n gwybod pob un gair o bob un gân. Ew! Roeddan nhw'n dda! Doedd pobol eraill ddim yn canu fel hyn. 'Mardi Gras ym Mangor Ucha'? Wel, ocê, wyddwn i ddim be oedd Mardi Gras, ond ro'n i'n nabod Bangor

11

Ucha yn iawn! Ro'n i wedi gweld 'pobol Ed Povey yn chwerthin o'r walia'. 'Trên i Afon-wen', a 'Blŵs Tŷ Golchi', ac wedyn, yn hwyrach, 'Gwlad y Rasta Gwyn' – dyma oedd y caneuon cyntaf i mi eu dallt go iawn. Roeddan nhw am bobol fel fi. Wel, pobol 'chydig yn hŷn, efallai, a chanddyn nhw fywydau difyrrach. Ond mi fyddwn i'n oedolyn ymhen dim.

Ac ew, roedd gen i gynlluniau.

Mi fyddwn i'n priodi Bryn Fôn, wrth gwrs. Ro'n i'n ein dychmygu ni'n dau'n byw nid nepell oddi wrth Mam a Dad mewn tŷ mawr crand, efo lluniau mawr o Bryn dros y tŷ. Mi fydden ni'n dal dwylo wrth siopa bob dydd Sadwrn yn Cefni Fruits a Kwiks gwaelod, Bangor, ac mi gawn i gymryd lle'r genod del oedd yn canu lleisiau cefndir. Mewn gigs-gola-llachar yn yr Octagon, byddai Bryn yn tawelu'r band am funud, ac yn troi ata i . . .

'Dwisho cyflwyno'r gân nesa 'ma i fy ngwraig, Manon, y peth gora sy' 'rioed 'di digwydd i mi. Mae ei harddwch, ei thalent, ei charedigrwydd wedi gwneud fy mywyd yn gyflawn . . .'

Mi fydda fo'n mynd dan deimlad wedyn, ac yn gorfod llyncu droeon er mwyn rhwystro'r dagrau. (Crys gwyn a jîns *stonewashed* roedd Bryn yn eu gwisgo yn y ffantasi hon – dwi'n cofio fel tasa fo wedi digwydd go iawn.)

'Ma'n iawn,' byddwn i'n sibrwd dros y meicroffon, ddim eisiau iddo fo golli rheolaeth o flaen cynulleidfa.

'Na, *dwisho* deud,' meddai Bryn, a byddai'r genod yn y rhes flaen i gyd yn ochneidio, yn hanner gwirioni ar ramant y peth ac yn hanner eisiau'n lladd i. Fedra i ddim cofio'r holl bethau eraill ddywedodd Bryn, ond doedd neb yn amau ei fod o'n fy ngharu i yn fwy nag roedd o'n caru plwy' Llanllyfni.

❤

Ro'n i'n aml yn cael fy nghyhuddo o fod yn 'hen ben' gan ffrindiau craff fy rhieni. Byddai'r term wastad yn plannu delweddau erchyll yn fy meddwl – pen moel, croen crychlyd, llygaid wedi eu cymylu gan orchudd llaethog cataracts, i gyd ar gorff hogan fach. *Hen ben.* Nhw oedd yn iawn. Bûm i'n boenwr ers y dechrau un, yn byw yn fy meddwl, ac yn suddo i gysur dychymyg pan geisiai'r pryderon wthio'u ffordd i mewn i f'ymwybod.

Ro'n i'n gallu poeni am *bob dim.*

Methu hitio'r bêl pan o'n i'n chwarae rownders yn 'rysgol, a gadael fy nhîm i lawr. Y ffaith bod angen Deddf Eiddo Newydd (wyddwn i ddim be oedd Deddf Eiddo, ond mae'n rhaid ei fod o'n bwysig os oedd angen i ni fynd ar gymaint o brotestiadau ynglŷn â fo). Cael fy ngorfodi i fwyta wyau. Mrs Thatcher, oedd yn ffigwr aflan, hunllefus yn fy meddwl i, efo'i dwylo crafangau a'i llais diwedd-y-byd. Iechyd Mam. Y ffaith fod neb yn rhedeg ar f'ôl i ar iard yr ysgol pan oeddan ni'n chwarae *kiss chase.* Y twll yn yr osôn. Trydydd Rhyfel Byd.

Bobol bach, ia, dyna oedd y peth gwaethaf. Caewn fy llygaid i fynd i gysgu, a gweld cwmwl 'run siap â madarchen yn lledaenu dros ein pentref bach. Wnes i ddim ystyried na fyddai hyn yn digwydd – yn fy meddwl, dim ond mater o amser oedd hi tan i rywun bwyso'r botwm a rhoi diwedd arnon ni i gyd. Yr hyn oedd yn fy mhoeni oedd: be os ydi'r bom yn cael ei ollwng pan ma' hi'n amser ysgol?

Fydd gen i ddim amser i redeg adra at Mam! A fydd gan Dad ddim digon o amser i ddod adra o'r gwaith ym Mangor, chwaith!

Weithiau, roedd Y Poeni yn gwaedu i'm breuddwydion – hunllefau od, yn rhy aeddfed, rhy symbolaidd i feddwl hogan fach. Yr un oedd yn fy nychryn i fwyaf oedd yr un oedd yn dychwelyd amlaf – Gerddi'r Beibl ym Mangor, a neb o gwmpas, dim sŵn, dim awel. Ac yna, un ddeilen yn cwympo o goeden, ac yn glanio gydag ergyd fawr swnllyd ar un o'r waliau. Yn y freuddwyd, ro'n i'n gwybod, rhywsut, fod y ddeilen fach honno yn dynodi dechrau Trydydd Rhyfel Byd.

Cofiwch chi, roedd posib mygu'r Poeni y rhan fwyaf o'r amser. Deuthum yn sgut ar adnabod yr arwyddion fod y Poeni'n agosáu (tawelwch; gormod o lonydd; tywydd garw; teimlad fel petai rhywbeth yn disgyn dan fy mron) a phan fyddai'r symtomau'n amlygu eu hunain, byddwn yn gorfodi fy hun i blymio i mewn i gysur fy nychymyg. Câi sŵn clegar y plant yn dwrdio 'mod i'n *ofnadwy* am rownders ei foddi gan dwrw'r cymeradwyo y byddai'r 'ffernols yn gorfod ei wneud pan fyddwn i'n hitio'r bêl dros y ffens, rhyw ddiwrnod cyn bo hir, yr holl ffordd i Bentir. Câi wynebau caled, clywed-ogla-drwg yr heddlu fyddai'n sefyll fel cadwyn cyffion o amgylch protestiadau Cymdeithas yr Iaith bylu i'r ddelwedd fwy llachar o'r ci bach du y byddai Mam a Dad yn siŵr o adael i mi ei gael ryw ddydd. A byddai'r holl gasineb a rhyfela a bygythiad arfau niwclear yn diflannu pan fyddwn i'n dychmygu Bryn Fôn a Michael Jackson yn cwffio dros bwy oedd yn cael fy mhriodi i.

Ydach chi'n cofio'r teimlad yna? 'Dan ni i gyd wedi ei

gael o pan oeddan ni'n fach (er, ro'n i o flaen fy amser –
roedd hwn yn grysh go iawn erbyn 'mod i'n chwech). Roedd
rhai yn ffansïo Matt o Bros, eraill wedi mopio efo Jabas. Ac
nid fi oedd yr unig un oedd â'i llygad ar Sobin, cofiwch. Mae
gen i gof byw iawn i mi gymryd yn erbyn rhyw hogan yn
Llangrannog am ei bod hi'n gwisgo crys T Bryn Fôn.
(Ffasiwn hyfdra! Oedd hi wir yn meddwl ei bod hi'n ei licio
fo fwy nag o'n i?!)

Yn niwedd yr wythdegau, roedd hi'n arfer trefnu ambell
gìg yn arbennig i blant. Roedd hwn yn arf marchnata heb
ei ail, gan sicrhau bod cenhedlaeth o Gymry ifainc wedi
gwirioni'n bost efo cerddoriaeth a selébs Cymraeg. A dyna
sut y cefais i fwynhau pleserau'r Octagon, clwb nos drwg-
enwog ym Mangor, cyn 'mod i'n ddeg oed. Roedd y
goleuadau'n fflachio, y *cherryade* yn llifo, a'r carpedi, am
ryw reswm, yn sticio fel felcro. A dyna fo'n dod ymlaen –
Bryn! – a hyd yn oed ei fand yn edrych arno fo fel tasa fo'n
rhywun pwysig.

Bloeddiais efo fo drwy bob cân. Bob un gair. Roedd tua
dau gant o blant yn gwneud yr un fath â fi, pawb yn
chwysu chwartiau, a rhyw orfoledd hyfryd yn y côr amgen
yma. Roeddan ni'n rhan o rywbeth.

Mae'n rhaid 'mod i wedi sgwennu at Bryn Fôn ar ôl y
gìg yna yn yr Octagon, er na fedra i ddim cofio gwneud.
Gobeithio'n wir nad ydi o wedi cadw ei hen lythyrau, achos
mae peryg go iawn 'mod i wedi dweud pethau fel 'Fi oedd
yr un yn y canol yn y gìg, efo gwallt brown a sgert a
siwmper o siop Kylie', a 'Mae croeso i chi ddod draw i'n tŷ
ni unrhyw dro, os ydach chi'n pasio'. Er na fedra i gofio dim
o hyn, rydw i wedi cadw ateb Bryn Fôn. Roedd o'n diolch

am fy llythyr clên, yn dweud ei fod yntau wedi mwynhau ei hun yn yr Octagon. Chwarae teg iddo fo.

Doedd bod mewn cariad efo Bryn Fôn ddim yn fêl i gyd, cofiwch. Dyna chi'r amser y cafodd o a rhai o'i ffrindiau eu harestio (rhywbeth i'w wneud efo Meibion Glyndŵr). Dwi'n cofio Mam yn esbonio i fi, mewn llais tawel, meddal, bod hyn wedi digwydd, wrth iddi roi sws nos da i mi. Dwi'n cofio codi ar ôl iddi fynd, ac eistedd ar y rhan o'r landin lle medrwn i weld y teledu heb gael fy ngweld. Dwi'n cofio'r newyddion ar S4C, a difrifoldeb llais y dyn oedd yn dweud yr hanes.

Unwaith eto, mae 'ngho' i'n mynd yn niwlog yn y fan yma, ond mae ffrindiau'n taeru i mi grio am ddyddiau wedi arestio Bryn Fôn, hyd yn oed ar ôl iddo gael ei ryddhau yn ddigyhuddiad. Mae un yn honni 'mod i wedi sefyll ar ganol iard Ysgol Rhiwlas a gweiddi, 'Mae o'n ddieuog!' Ac mi oedd o. Yn fwy na hynny, roedd o rŵan yn fwy cŵl nag erioed – roedd o wedi cael ei arestio ar gam gan yr heddlu llawdrwm, ac felly'n rebel. Mi gafodd o chwip o gân allan ohoni, hefyd: 'Meibion y Fflam' – 'Does 'na neb yn gwybod dim yng ngolau dydd'. Roedd y geiriau'n gwneud i fy natur betrus wingo – 'Paid â herian yr heddlu, rŵan, Bryn, dwyt ti ddim isio bod yn ôl yn y carchar . . .'

❤

Mae'n chwith gen i ddweud, ond ar ôl blynyddoedd o eilunaddoli, oerodd tân fy nghariad at Sobin. Daeth cryshis arall i gymryd ei le, a hyd yn oed ambell hogyn go iawn ar ôl i mi ddechrau yn yr ysgol fawr. Aeth bywyd yn brysur,

ac os nad oedd fy nghariadon fform-ffaif gystal go iawn ag
oedden nhw yn fy meddwl, wel, roedd fy nychymyg mor
ddibynadwy ag erioed. Ro'n i'n gallu troi bachgen a llond
ei wyneb o blorod a llofft yn llawn lluniau o genod *Page 3*
yn Adonis sensitif oedd yn dysgu sonedau Shakespeare ar
ei gof.

Ac eto . . .

Tair blynedd yn ôl, yn Sinema Tywyn. Gìg Bryn Fôn, a
fy ffrind a minnau'n penderfynu mynd am ei fod o'n
ddigwyddiad Cymraeg, a bod y rheini'n brin y tu allan i'r
capel. Y lle yn llawn dop, fel na welais i o erioed o'r blaen,
a'r trefnwyr yn syllu fel rhai sydd newydd ennill y loteri,
wedi synnu'n llwyr gan yr holl bobol. Trio ymddangos yn
cŵl yn nechrau'r gìg, yn eistedd yn y cefn efo jinsan, ond
yn bloeddio 'Lalala LA LA LA LA la-la-la' erbyn y diwedd,
fy mreichiau'n chwifio yn yr awyr. A wyddoch chi be? Roedd
yr un teimlad yn y gìg yna ag oedd yn yr Octagon ugain
mlynedd ynghynt. ''Dan ni'n rhan o rywbeth. 'Dan ni'n un.'

A dwi'n dal i feddwl mai Bryn Fôn ydi un o'r actorion
gorau welodd Cymru erioed. Dwi'n dal i brynu'r CDs, ac yn
dal i ddewis ei ganeuon pan fydd 'na rai ar y jiwcbocs. Mi
fedrwn i sgwennu traethawd go hir ar pam fod cerddor-
iaeth Bryn Fôn yn bwysig i oroesiad yr iaith. Ond, wrth
gwrs, dydi pethau ddim yr un fath. Dwi'n oedolyn, ac yn
gallu optio allan o gemau rownders yn gyfan gwbl. Mae
Mrs Thatcher bron â bod wedi pylu o fy hunllefau, a dydi'r
heddlu ddim yn ymddangos mor flin mewn protestiadau
Cymdeithas yr Iaith erbyn hyn. Ac os ydi newyn neu dlodi
neu annhegwch yn fy nghadw i'n effro yn y nos, mae
'nychymyg i'n mynd â fi i lefydd tra gwahanol rŵan –

gwersylla yn yr haf efo fy meibion, neu chwilio am grancod efo nhw ar y traeth, neu ddysgu'r un bach sut i wneud cacen jocled.

♥

Un noson, ychydig wythnosau'n ôl, daeth llais bach o'r llofft wrth i mi olchi'r llestri. Sychais fy nwylo a throedio i gyfnos llofft yr hogia.

'Be sy', 'raur? Mae'n hwyr, sti.'

'Dwi'n poeni, Mam.'

Roedd ei frawd yn cysgu yn y bync gwaelod, blanced o deganau meddal yn cuddiad ei gorff.

'Am be?'

'Meddwl am yr holl bobol sy'n ffraeo, a'r holl bobol nyts sy' efo bomia niwclear. Be os bydd 'na Drydydd Rhyfel Byd?'

Mwythais ei dalcen a'i wallt, gan gofio'r teimlad yna o boeni parhaus amser gwely. 'Ngwas i.

'Be sy' isio i chdi neud, 'raur, ydi meddwl am betha eraill. Achos 'di poeni ddim yn mynd i stopio petha drwg rhag digwydd, nadi?'

'Pa fath o betha erill?'

'Wel, petha da. Fatha tships Nain Bont, a'r adeg pan welson ni'r dolffins 'na ar y traeth llynadd. A Dolig! Meddylia am Dolig.'

Mi aeth i gysgu, yn y diwedd, gan feddwl am dinsel a thwrci a phapur lapio sgleiniog. Fy mhoenwr bach. Addewais i mi fy hun, y cyfle cynta gawn i, y byddwn i'n prynu anrheg bach iddo.

CD Elin Fflur.

LYN EBENEZER

Y FERCH
YN Y COLISEUM

Mae rhywbeth yn annelwig iawn mewn edrych dros ysgwydd a cheisio penderfynu pwy oedd eich cariad cyntaf. Mae tuedd mewn rhywun sydd wedi cyrraedd a mynd heibio oed yr addewid i liwio pethe wrth edrych yn ôl mor bell. Mae'r llun yn niwlog a'r ffiniau'n toddi i'w gilydd fel paentiadau Cézanne. Mae perygl mawr i rywun addasu ffeithiau er mwyn iddyn nhw ffitio patrwm y cof.

Mor wahanol oedd y cusan cyntaf. Medraf gofio hwnnw'n gwbl glir. Rhyw sefyllian ar gyrion llwyfan neuadd Ysgol Tregaron oeddwn i pan gamodd y ferch yma o Ddosbarth Pump ymlaen. Doedd hi ddim wedi torri gair â mi erioed o'r blaen. Ond dyma hi'n clymu ei breichiau o gwmpas fy ngwddf a rhoi i mi snog a wnaeth gipio fy anadl i ffwrdd. Yna cerddodd bant yn ddidaro a wnaeth hi ddim cymryd sylw ohona i byth wedyn.

Ond o ran y cariad cyntaf, yn sinema'r Coliseum yn Aberystwyth wnes i ei chanfod hi, drigain mlynedd union yn ôl. Un ar bymtheg oed oedd hi, flwyddyn yn hŷn na mi.

19

Roedd pellter sinema rhyngom pan drodd ei llygaid brown, dyfn ataf am y tro cyntaf a gwenu. Toddodd fy nghalon. Neidiais amdani fel pysgodyn am bry genwair. Bachwyd fi. A bûm yn hongian ar y bachyn hwnnw byth wedyn.

Pwy oedd hi? Petawn i'n dweud Natalia, fyddech chi rywfaint yn gallach? Na fyddech, siŵr iawn. Petawn i'n dweud ei henw llawn, Natalia Nikolaevna Zacharenko, byddech yn ddyfnach yn y niwl. Petawn i'n dweud Natalie Wood, mae'n debyg y byddai'r rhelyw ohonoch yn gwybod at bwy rwy'n cyfeirio.

Ond er i ni'n dau fod yn yr un adeilad y noson honno yn 1955, y pellter oedd rhyngom oedd fawr, chwedl yr emynydd. Ac nid cyfeirio ydw i at y ffaith fy mod i'n eistedd yn y rhes swllt-a-naw yn y cefn a hithau ar y sgrin arian lydan o'm blaen. Roedd cyfandiroedd cyfan rhyngom ein dau.

Y ffilm oedd *Rebel Without a Cause*. Roedd y stori'n gignoeth ond yn weddol syml. Yr esgyrn sychion oedd hanes llanc ifanc gwrthryfelgar gyda chefndir cythryblus yn symud i fyw i dref newydd lle mae'n canfod cymaint o elynion ag a wna o ffrindiau. Caiff drafferth i addasu ei fywyd mewn ysgol newydd. Yno mae'n cyfarfod â merch, yn herio gwrthwynebiad ei rieni i'w cyfeillgarwch ac yn sefyll yn erbyn bwlis yr ysgol. Roedd y cyfan, yn ôl y gwybodusion, yn bortread real o ddadfeiliad moesol ieuenctid America yn y pumdegau ac yn dinoethi'r gwahaniaethau a'r gwrthdrawiadau rhwng dwy gen-hedlaeth. Fe'i seiliwyd, er na chydnabuwyd hynny, ar gyfrol Robert M. Lindner o'r un enw, ond gyda'r is-deitl 'The Hypnoanalysis of a Criminal Psychopath'. Yn chwarae rhan y llanc, wrth gwrs, roedd James Dean, actor a newidiodd gwrs hanes o ran crefft actio. Bu farw mewn damwain car fis cyn rhyddhau'r ffilm. Ychwanegwyd at safle gwlt y ffilm yn ddiweddarach gyda marwolaeth cyd-actor, Sal Mineo, yn 1976.

Rhyddhawyd y ffilm ar yr union adeg pan oeddwn yn pesgi ar rebeliaeth. Cawn fy ystyried yn dipyn o ddafad ddu fy hunan. Ro'n i mewn cwmni da. Roedd Elvis wrthi'n gweddnewid y byd. Sgubwyd yr hen ramantiaeth feddal o'r ffordd gan ffilmiau heriol fel *Blackboard Jungle*. Siglwyd y byd yn fuan wedyn gan Bill Haley a'r ffilm *Rock Around the Clock*.

Ac i ganol y cyfan daeth *Rebel Without a Cause*, a minnau'n syrthio dros fy mhen a'm clustiau mewn cariad â Natalie Wood. Doedd dim un iota o wahaniaeth ganddi hi gan na wyddai hi ddim byd am fy modolaeth i. Dyna oedd y peth mawr. Cariad unochrog. Roedd llanciau o'm hoedran i wedi eu tynghedu i fod yn drist. Tor calon oedd y norm. Dyna fel roedd pethe i fod. Hir oes i angst. Clywswn yn rhywle am ddirfodaeth, os mai dyna'r gair Cymraeg am *existensialism*. Craidd dirfodaeth oedd dathlu bodolaeth, rhyddid a'r hawl i ddewis. Dechreuais ddarllen gwaith Jean Paul Sartre, er na ddeallwn air. Ond doedd dim byd yn gwneud i mi deimlo'n bwysicach nac yn ddwysach na phwyso uwchben paned o goffi du yng nghaffi'r Seagull ger y Coleg Diwinyddol yn Aber, yn pwffian ar Gauloise ddrewllyd a chogio darllen *Being and Nothingness*. Gwnawn yn siŵr fod y teitl ac enw'r awdur ar y clawr yn weledol i bob myfyrwraig fach bert oedd wrth y byrddau eraill.

Angst oedd y gair allweddol. Yn y ffilm, pan mae Jim yn cwrdd â Judy, y ferch drws nesaf am y tro cyntaf, mae e'n gofyn iddi:

'Rwyt ti'n byw yma, wyt ti ddim?'

Mae hi'n ateb:

'Pwy sy'n byw?'

Ie, angst. Doedd bywyd ddim gwerth ei fyw heb rywbeth i boeni yn ei gylch. Penyd, nid pleser, oedd ystyr bod yn ifanc yn y dyddiau hynny. Byddwn yn cyfansoddi cerddi trist yn proffwydo y byddwn farw'n ifanc. Canfûm un o'r 'cerddi' hynny mewn hen lyfr cownt yn ddiweddar. Beth am hyn? Dyma linellau agoriadol soned o'r cyfnod:

Disgyn fy hiraeth fel y dail o'r coed
I hydref fy ngobeithion. Gwelaf draw
Yr angau crin, yn sleifgar fel erioed,
Eisoes dechreuodd chwalu'r pridd â'i raw . . .

R. Williams Parry, Alun Llywelyn-Williams, llyncwch hynna! Wna i ddim adrodd mwy rhag ofn i chi deimlo fel rhuthro allan i nôl gwn. Nid i saethu'ch hunain mewn iselder dwys ond i'm saethu i.

Ac i ganol yr angst cyrhaeddodd Natalie Wood, fy nghariad seliwloid. Roedd James Dean yn personoli angst. Onid oedd e wedi cyflawni'r gofyniad eithaf, sef marw'n ifanc? Mewn gwirionedd, syrthio mewn cariad ag ef wnes i'r noson honno yn y Coliseum. Hynny yw, syrthio mewn cariad â'i ddelwedd. O ganlyniad, ceisiais fy ngorau i efelychu James Dean ym mhob ffordd bosibl. Ar wahân, wrth gwrs, i ddwyn car 'Nhad a'i yrru ar ei ben i glawdd cyfleus. Yn anffodus, roedd byd o wahaniaeth rhwng hen Ostin Sefyn 'Nhad a Porsche Spyder 550 arian yr actor. Mewn gwirionedd, buasai wedi bod yn gryn gamp gyrru car hynafol 'Nhad yn ddigon cyflym i'm lladd fy hun. Ac nid Route 466 yng Nghaliffornia oedd hewl Tregaron.

Ond roedd yna ffyrdd llai dramatig o ddynwared James Dean. Mabwysiadais olwg ddwys, bwdlyd ar fy wyneb. Perswadiais Mam i brynu siaced gwta goch i mi. Fe'i gwisgwn a'r coler i fyny, wrth gwrs. Cefais bâr o jîns glas. Fi oedd y cyntaf yn y pentref i gael rhai. Hwyrach mai fi oedd yr unig un i ddymuno cael rhai. Gwisgwn bâr o sgidiau swed (nid rhai glas, chwaith). Llwyddais i gasglu digon o arian poced i brynu breichled oedd yn dangos llun o Elvis o dan y clesbyn. Fe'i newidiais am lun o James Dean. Fe'i collais yn fuan wedyn ar y Big Dipper pan oeddwn i ar drip ysgol Sul Capel y Methodistiaid yn ffair Porthcawl. Tybiwn nawr mai fi oedd dwbwl perffaith James Dean, nes i gyfaill i mi fy ngwawdio.

'James Dean?' ebychodd. 'Rwyt ti'n debycach i dwll din!'

Ew, creulon. Ond roedd ganddo bwynt. Roedd gen i un anfantais fawr a fu'n fwgan parhaus i mi, sef diflaniad cynamserol fy ngwallt. Dinistriodd fy efelychiad o Bill Haley a'i gwrlyn cusan ar ei dalcen. Dinistriodd fy efelychiad o gwiff seimllyd Elvis. A fedrwn i ddim efelychu'r tusw aflêr a orffwysai ar dalcen James Dean fel mwdwl wedi'i chwalu.

Nid arwr oedd Dean yn y ffilm, wrth gwrs, ond gwrtharwr. A dyna'r apêl. Gynt byddwn yn edmygu arwyr oedd yn cael eu portreadu fel dynion go iawn gan sêr fel Robert Mitchum a John Wayne. Dynion yr oedd yn rhaid iddynt wneud yr hyn roedd yn rhaid i ddynion ei wneud oedd Mitch a'r Duke. Fel merchetwyr y darlunnid y rhain, wrth gwrs. Ond nid felly gymeriadau sgrin James Dean. Ef oedd yr archdeip *hard to get*. Yn *Rebel Without a Cause* roedd Judy (Natalie) yn gorfod gweithio'n galed i gynhyrfu Jim Stark (James Dean). Methwn â deall sut medrai unrhyw feidrolyn ymatal rhag taflu ei hunan gorff ac enaid i'w chôl. Roedd ei llygaid brown fel pyllau mawn ac yn ddigon dwfn i lyncu Jim yn gyfan. Ac i mi, Jim Stark oedd James Dean a James Dean oedd Jim Stark. Mor rhwystredig oedd gwylio Judy yn cynnig ei hunan iddo ar blât ond yntau'n dewis camu'n ôl ac anwybyddu ei theimladau. Teimlwn fel gweiddi arni:

'Rho gic yn nhin y diawl diddiolch a dere ata i!'

Anodd dychmygu ffilm dristach na *Rebel Without a Cause*, yn arbennig felly i lanc ifanc. Doedd wiw i mi grio. Ond methais â dal y dagrau'n ôl. Wrth i Judy chwalu ar farwolaeth Jim, torrodd y llifddorau. Rhwbiais fy llygaid.

'Beth sy'n bod?' gofynnodd fy ffrind, Jac, wrth fy ymyl.

'Dim byd,' medde fi. 'Hen wybedyn wedi hedfan i'n llygad i. Dyna i gyd. Mae e'n cosi.'

'Dyna beth od, mae un yn fy llygad inne,' medde Jac. 'Mae'n rhaid bod yna bla ohonyn nhw yma.'

Mae'n amhosibl bod yn gwbl onest ar faterion fel hyn. Mor hawdd yw rhamantu. Fe fu gen i gariadon ymhell cyn i mi weld Natalie Wood am y tro cyntaf. Cariad unochrog fyddai'r cariad hwnnw, a hynny'n ddieithriad. Cariad yn y meddwl. Cael ei wrthod, neu'n well byth cael ei anwybyddu gan ferch, oedd tynged llanc ifanc i fod.

Pan o'n i'n ddim o beth, syrthiais mewn cariad â merch

oedd yn byw i lawr yn y pentre. Roedd hi gryn ddeng mlynedd yn hŷn na fi. Yn ddiweddarach roedd yna ferch arall y byddwn wedi bod yn fodlon torri fy mraich chwith i ffwrdd ar ei rhan. (Nid fy mraich dde, cofiwch. Â honno fydda i'n codi peint.) Cofiaf golli fy nghalon i un ferch am y rheswm syml ei bod hi'n edrych fel fersiwn benywaidd o Elvis. Anwybyddwyd fi ganddynt ac fe ffeindion nhw hapusrwydd gydag arall.

A phriodi wnaeth Natalie, a hynny deirgwaith. Bu'n briod ddwywaith â Robert Wagner, a rhwng y ddwy briodas hynny â Richard Gregson. Bu farw yn 1981 pan oedd hi allan ar gwch hwylio oddi ar ynys Santa Catalina. Canfuwyd ei chorff marw filltir o'r cwch. Roedd Wagner ar fwrdd y cwch ar y pryd. Dychwelwyd dedfryd o ddamwain yn wreiddiol. Ond galwyd am ail gwest a dychwelwyd y tro hwn ddyfarniad amhendant. Clywyd iddi hi a Wagner gweryla ychydig cyn iddi ddiflannu. Dangosai ei chorff olion cleisiau. Roedd hi'n 43 oed.

Hyd yn oed os nad oedd Wagner yn euog mewn unrhyw ffordd, fedra i ddim maddau iddo am briodi Natalie yn y lle cyntaf. Wedi'r cyfan, fy nghariad i oedd hi. Fe fydda i'n meddwl weithiau wrth hiraethu am Natalie Wood nad hiraethu amdani hi'n benodol fydda i. Na, hiraethu fydda i mewn gwirionedd am yr hyn roedd hi'n ei gynrychioli. A'r hyn roedd Natalie yn ei gynrychioli'n fwy na dim oedd llencyndod. A hwyrach mai hwnnw, wedi'r cyfan, oedd fy nghariad cyntaf. Nid rhywun. Nid rhywbeth. Ond cyfnod, a hwnnw'n gyfnod pan oedd y byd mor ifanc â mi fy hun. Dyddiau pan oedd angst yn bleser. Dyddiau pan mai peth hawdd iawn oedd syrthio mewn cariad. Dyddiau roc a rôl, pan oedd torri calon yn ffordd o fyw. Ac yn ganolog i'r cyfan mae'r ferch yn y Coliseum â'r llygaid brown. Honno fydda i'n ei gweld ar sgrin y cof. Gyda hi mae llanc mewn siaced goch, jîns glas a sgidiau swed. James Dean yw e. Neu ai fi yw e?

Ac wrth fyfyrio am James Dean a Natalie Wood, am Jim a Judy, fel hyn, rwy'n ôl yn y Coliseum. Mae sbŵl y peiriant amser wedi dirwyn yn ôl drigain mlynedd i 1955. Ydi, mae'r hen le wedi troi'n ôl o fod yn amgueddfa i fod yn sinema unwaith eto. I'm ffroenau daw gwynt sigarét Wdbein slei a losin mint. A disinffectant. Mae cariadon ynghlwm wrth ei gilydd yn Seddi'r Duwiau ar y galeri, yn ddall a byddar i'r ffilm. Ac mae Jac, fy ffrind, yn ôl yn fyw ac yn iach unwaith eto ac yn eistedd wrth fy ymyl. O'r sgrin mae pâr o lygaid brown yn syllu arna i gan achosi rhyw hen gosi yn fy llygaid i. Yr hen wybed diawl yna wedi dychwelyd, mae'n rhaid, fel mân atgofion chwâl.

Damio nhw!

WELSH BLAC AR GEFN BEIC AC AMBELL I SGWARNOG

'Wyt ti'n cofio'r hen gwt hwnnw basion ni ar gaeau Penrhyn Mawr wrth fynd â Jim am dro?'

Nid nepell o'r pwll hwyaid yng nghysgod llwm y graig lle roedd wyneb y dŵr o'r golwg bron o dan garped y chwyn llonydd. O edrych yn ôl rŵan, rhyw dair hwyaden ddigon penisel yr olwg a gofiaf a'u plu'n fwy o'r lliw pỳg a geir ar ddillad isa sydd wedi gweld dyddiau gwell na'r gwyn sidanaidd tylwyth tegaidd sy'n gweddu i hwyaid mewn stori i ferch fach bedair oed. Oeddwn, roeddwn i'n cofio'r cwt. A dwi'n dal i'w gofio. A'r pwll a'r hwyaid lliw-cadachllestri. Roeddwn i'n mynd heibio iddo bob tro yr awn i grwydro'r ponciau ar hyd yr arfordir hefo fy nhad a Jim, yr hen gi defaid. Cofio'r dyddiau gwyllt pan fyddai'r môr yn corddi a 'nghlustiau innau mor oer nes eu bod nhw'n brifo. Cofio'r boreau perffaith yn yr haf a'r niwl llonydd fel gwe dros erwau'r tonnau, yn ddigon tenau i ni allu gweld Iwerddon drwyddo.

Dwi'n cofio hynny i gyd fel cyfres o luniau lliw a sglein arnyn nhw, rhyw berlau llyfn glas a gwyn a llwyd ac arian ar fwclis fy mhlentyndod. A chofio hefyd y ddawn dweud stori oedd gan fy nhad, y ddawn i greu rhywbeth hudolus o ddim byd, fel Nain ers talwm yn creu prydau blasus i lond tŷ ohonon ni o'r hyn a dybiaswn i oedd sosban wag, dwy daten a nionyn. Dyna ddechrau fy hoffter innau o glywed stori, fy awydd am glywed mwy a dyna, maes o law, a'm hanogodd i fynd ati i ddysgu darllen er mwyn cael hyd i'r holl drysorau a oedd ynghudd mewn llyfrau drosta i fy hun.

Yn rhyfedd iawn, felly, nid stori rhwng dau glawr, nid gweld geiriau wedi eu printio ar dudalen oedd y rheswm fy mod i wedi syrthio mewn cariad hefo llyfrau. O'i ben a'i bastwn ei hun y deuai straeon fy nhad, y straeon amser gwely hynny oedd yn rowlio dros ei wefus bron yn ddigymell, yn dod o nunlle fel gwe pry copyn ac yn gwau patrymau ar draws fy nychymyg. Y straeon oedd fel petaent wedi bownsio fel haul oddi ar y tonnau hynny a glanio wrth ddrws y cwt hwyaid ar gae Penrhyn Mawr.

Yn ôl fy nhad, nid yr hwyaid oedd yn byw yn y cwt bach hwnnw. Dechreuodd y stori felly gyda'r elfen annisgwyl honno sy'n dynodi stori dda, sy'n eich rhwydo ac yn eich cadw ar bigau drain nid yn unig tan y diwedd, ond tan y stori nesa. Y dilyniant. O, roedd fy nhad wedi'i gweld hi, ymhell cyn bod yna'r fath beth ag operâu sebon a dramâu teledu i gadw gwylwyr yn cnoi ewinedd eu traed mewn rhwystredigaeth tan y rhifyn canlynol. A na, nid hwyaid oedd yn byw yn y cwt, ond ieir: Meima Jên yr iâr frown, Cecilia'r iâr wen, cyw bach melyn o'r enw Twm Tin y Nyth, ac yn benteulu arnyn nhw i gyd rhyw hen geiliog digon awdurdodol. A'i enw fo? Tomos John. Enwau pobol oedd gan yr anifeiliaid i gyd. Dwi ddim yn meddwl bod fy nhad wedi ystyried am funud cweit pa mor glyfar oedd o wrth ddefnyddio techneg mor soffistigedig. Mae'n debyg nad dyna'i fwriad o gwbl. Dwi'n credu ei bod hi jyst yn haws ganddo roi enwau go iawn i'r cymeriadau na thrafferthu i feddwl am enwau gwneud yr adeg honno o'r nos ac yntau o dan ordors i fy nghael i i gysgu cyn gynted â phosib.

Roedd gelyniaeth barhaus rhwng yr hwyaid a'r ieir, rhyw hen gynnwrf clawdd terfyn a oedd yn galw'n gyson am ymyrraeth Tarw Plisman, sef tarw Welsh Blac mewn helmed fyddai'n cyrraedd ar gefn beic bob amser a'i ffroenau'n mygu. Roedd y cynhwysion i gyd yma – hiwmor, gwrthdaro, cymeriadau difyr, deialog fyrlymus a'r peth arall anniffiniol hwnnw, y 'fedra-i'm-aros i gael gwybod be-sy'n-dod-nesa' sydd wastad yn cadw cynulleidfa'n effro a disgwylgar.

Wyddai fy nhad ddim fod dawn y cyfarwydd ganddo. Dim ond dweud stori amser gwely yr oedd o. Er hyn, mae'n debyg iddo sylweddoli fod yn rhaid iddi fod yn stori go lew ac yn un y byddwn i'n addo mynd i gysgu ar ei hôl hi. Gwyddai hefyd y byddai'n rhaid i stori'r noson wedyn fod yr un mor afaelgar – ac effeithiol. Roedd ganddo ferch oedd yn gwrthod mynd i'w gwely ac yn dianc ohono i eistedd ar ben y grisiau bob nos i wrando ar sgwrs yr oedolion – fy rhieni, fy nain a fy modryb – yn llifo hefo'r golau tenau oedd yn gwasgu dan y drws.

Pan ddechreuodd fy nhad, o reidrwydd, weithio shifft nos, daeth y trefniant dweud stori i ben. Roedd gan fy modryb stôr o straeon ysbryd a rhai ohonynt yn ddigon i godi gwallt eich pen, ond doedden nhw mo'r math o straeon i gymell cwsg! Dyna pryd sylweddolais i fod straeon i'w cael mewn llyfrau. A dyna ddechrau ar y cariad at ddarllen nad yw wedi fy ngadael i byth. Yn union fel disgyn mewn cariad hefo person arbennig, does dim esbonio'r hud i rywun nad yw eto wedi ei brofi. Mae o yna neu dydi o ddim. Mor syml â hynny. Mae'r atyniad at ddarllen fel y fformiwla gemegol sy'n clymu dwy galon ynghyd. Ac yn union fel y person sy'n dal ei afael yn yr elfen honno o'r fformiwla sy'n eich gwneud chi'n gyfan ac yn rhoi ystyr i'ch bywyd, fedrwch chi ddim byw hebddo.

Fy modryb, chwaer fy nhad, a'm dysgodd i ddarllen yn bedair oed. Cychwynnais hefo llyfr ABC bach melyn ac iddo dudalennau cardfwrdd anhyblyg. *A is for Apple, B is for Ball. C is for Cat, high up on the wall.* Ie, llyfrau Saesneg oedden nhw i gyd ar y cychwyn cyntaf hwnnw nes i mi weld llyfrau fel *Betsi Clwc Clwc* wedi i mi gychwyn yn yr ysgol. Ond erbyn hynny roedd anturiaethau'r iâr honno'n llawer rhy arwynebol a'r geiriau'n rhy hawdd a minnau eisoes wedi dysgu darllen cyn cyrraedd yno. Ac wrth gwrs, doedd yna'r un iâr ar wyneb y ddaear a allai gystadlu â Meima Jên!

I fod yn onest, a heb drio swnio fel pe bawn i'n rhyw athrylith o blentyn a fyddai, maes o law, yn sefyll arholiadau lefel-O yn wyth oed fel yr eithriadau disglair mae rhywun yn dod i wybod amdanynt ar y newyddion (ac mi all unrhyw un sy'n fy nabod i dystio i'r ffaith nad yw'r label 'jiniys' yn gweddu i mi mewn unrhyw ddull na modd!), doeddwn i ddim yn teimlo'r un cariad tuag at y llyfrau a oedd yng nghornel ddarllen y dosbarth derbyn hwnnw flynyddoedd maith yn ôl ag a deimlaswn tuag at y llyfrau ges i gan fy modryb. Roedd llyfrau'r ysgol yn fabïaidd ac yn ddiflas ac yn fy nadrithio i'n llwyr. Cefais fy atgoffa o'r teimlad hwn wedi i mi gasglu fy mab bychan o'r ysgol feithrin am y tro cyntaf ac yntau'n gofyn: 'Mam, pam dwi'n gorfod mynd i fanna i chwarae hefo teganau wedi malu pan mae gen i rai gwell adra?' Mae'n swnio'n ymhongar braidd ar un ystyr, yn dydi? Ond gonestrwydd plentyn bach oedd o, ac er nad llyfrau oedd dan sylw bryd hynny, gallwn ddeall y rhesymeg tu ôl i'r geiriau!

Er mor ofnadwy o drahaus mae hyn yn swnio, roedd gen innau lyfrau difyrrach gartref na'r rhai a oedd yn y gornel ddarllen yn yr ysgol. Y rheswm am hynny, sylweddolais yn ddiweddarach, oedd mai llyfrau ar gyfer dysgu darllen oedd llyfrau'r dosbarth a dim arall, a minnau eisoes yn gallu darllen cyn i mi gyrraedd y lle. (Prysuraf i ychwanegu mai dyma'r unig allu uwch na'r cyffredin a feddwn. Doedd fy sgiliau uwchnaturiol ddim yn ymestyn i dir gwyddonol na mathemategol, ac mae'n resyn gen i gyfaddef nad ydw i erioed wedi gallu deall na dyfalu pa les mae algebra nac unrhyw hafaliad $x+y = duw\ a\ \hat{w}yr\ be\ a\ 'dio'm\ otsh\ gin\ i\ chwaith$ yn ei wneud i neb.) Mae gen i hyd y dydd hwn ryw afael ryfeddol mewn ambell i lyfr er i mi ddanfon llond bocsys ohonyn nhw i'r siop elusen leol hefyd, dim ond oherwydd nad oes gen i ddim lle i'w cadw i gyd. Yr unig gysur a gaf yw eu bod yn gwneud daioni i rywun arall. Y gwir yw fy mod i'n teimlo'n hynod feddiannol ohonyn nhw i gyd, a byddwn wrth fy modd pe bai gen i dŷ o faint Downton Abbey gyda llyfrgell anferth a chymaint o silffoedd fel bod angen ystol fach i gyrraedd y rhai uchaf. Nefoedd!

Fyddai un o fy hoff lyfrau pan oeddwn i'n ferch fach ddim cweit yn gweddu i silffoedd llyfrgell Downton Abbey chwaith (nac unrhyw Ddownton arall!). Does gen i ddim cof o'r teitl na'r awdur, dim ond cof plentyn o'r llyfr. Nid tudalennau cyfan oedd i'r llyfr hwn ond cyfres o hanner tudalennau, fel drysau stabal, lle roedd modd troi un hanner heb droi'r llall. Roedd lluniau anifeiliaid ynddo ac roedd hi'n bosib cymysgu'r lluniau er mwyn cael pen jiráff, dyweder, i gyd-fynd â phen-ôl eliffant. Roedd modd felly cymysgu'r stori hefyd ac roedd y canlyniad yn hynod ddoniol a'r posibiliadau'n ddiddiwedd. Cefais oriau o bleser hefo'r llyfr hwn. Ffefryn arall oedd hanes y tri mochyn bach. Gallaf weld clawr sgleiniog y llyfr yn fy meddwl o hyd – awyr las, las a moch rhyfeddol o binc. Cofiaf fynnu mynd ag o i'r ysgol i'w ddangos i'r athrawes dim ond er mwyn profi iddi fod yna lyfrau difyrrach yn bodoli na'i chasgliad diflas hi! Fel pe na bai'r gryduras erioed wedi clywed am y moch a'r blaidd! Wedi blynyddoedd o fod yn athrawes fy hun gallaf ddeall o edrych yn ôl pam nad y fi oedd ffefryn yr hen Fus Robaij druan.

Un cof sydd gen i yw turio trwy'r holl ryfeddodau yn

atig fy modryb ac yn eu plith roedd sawl hen lyfr. Bachais un llyfr ac ogla henaint arno ac er bod y clawr blaen a'r tudalennau agoriadol ar goll, dechreuais ei ddarllen. Er gwaethaf yr anfantais o wybod dim am deitl y llyfr na'r awdur roedd rhywbeth yn fy nghymell i ddarllen ymlaen ac ie, mwynhau. Efallai mai rhyw ddeg oed oeddwn i ar y pryd. Ymhen blynyddoedd wedyn darganfyddais mai *Villette*, yr olaf, ac yn ôl rhai yr orau, o nofelau Charlotte Brontë, oedd y llyfr di-glawr hwnnw. Mae hyn yn profi heb amheuaeth mai clasur yw clasur, ni waeth be. Arhosodd cymeriad Lucy Snowe hefo fi am hydoedd a llwyddodd y diweddglo amwys i oglais fy nychymyg a gwneud iawn heb os am y ffaith fy mod i wedi colli'r dechrau.

❤

I godi sgwarnog sydyn (mi welwch pam fy mod yn gwyro), bu ffrind i mi'n gwarchod fy nghi ar adeg pan oedd o'n cnoi (ac yn aml yn bwyta!) popeth. Roedd yn ddiwrnod o haul poeth a hithau yn yr ardd hefo Tecs wrth ei thraed, am unwaith yn gymharol ddidrafferth. Cododd i fynd i wneud panad iddi hi ei hun gan adael y nofel yr oedd hi bron â'i gorffen ar y gadair haul. Pan ddychwelodd roedd Tecs wedi bwyta'r tudalennau olaf. Ddeng mlynedd yn ddiweddarach mae hi'n dal i gofio'r rhwystredigaeth o beidio cael gwybod beth ddigwyddodd. Y cwestiwn y mae'r sgwarnog a godais yn ei ddal ar gerdyn rhwng ei phawennau blaen, felly, ydi hwn. Beth sydd waethaf: colli dechrau nofel ynteu colli'r diweddglo? Theimlais i mo'r un rhwystredigaeth wrth ddechrau darllen *Villette*. Fe'ch gadawaf i benderfynu drosoch eich hun.

O Elizabeth Watkin-Jones i Enid Blyton, T. Llew Jones i Daphne du Maurier (a'r holl sôn am fôr!), Caradog Prichard i Kazuo Ishiguro, Kate Roberts i Katherine Mansfield, mae'r ystod yn eang ac yn dal i ehangu. Unrhyw beth a phopeth. O gloriau *Llyfr Mawr y Plant* i'r straeon cartŵn ar gefn bocs cornfflecs, mae darllen wedi bod, yn dal i fod, ac mi fydd o hyd yn hynod bwysig i mi. Dwi'n cofio'r Athro Derec Llwyd Morgan yn gofyn i mi mewn cyfweliad ar drothwy cael fy nerbyn i astudio'r Gymraeg ym Mangor a oeddwn i'n cael amser i ddarllen. Atebais innau gan drio peidio swnio'n smyg: 'Dwi'n gwneud amser i ddarllen.'

Yr un ferch fach ymhongar oedd hon a edrychasai i lawr ei thrwyn ar lyfrau darllen Mus Robaij slawer dydd? Yr un ferch, ie. Trahaus ac ymhongar ac yn gwybod y cwbl? Gobeithio ddim. Dim ond bod yn onest. Darllen. Fy nghariad cyntaf? Wel, mae un peth yn sicr: mae mwy nag un carmon wedi diflannu i'r machlud â gwynt teg ar ei ôl ond mae'r llyfrau wedi aros. Fel y cariad go iawn. Yr Un. Y cariad olaf?

Testun ysgrif arall, o bosib, fydd hwnnw.

ANNWYL DELME

Post Office,
Blaenpennal,
Aberystwyth,
Sir Aberteifi.
10 Hydref 1964

Annwyl Delme,

Helô! Fi sydd yma . . . o'r diwedd! Rwy'n gwybod mai fi oedd fod ysgrifennu gyntaf ac mae'n ddrwg gen i am beidio gwneud cyn hyn . . . fe gei di'r hanes i gyd wedyn!

Gobeithio dy fod wedi cyrraedd adref yn ddiogel o Langrannog a bod neb wedi bod yn sâl ar y bws! Braf mynd ar fws mawr smart fel yna yr holl ffordd i Lanelli.

(Roedd e wedi wafio o ffenestr gefn y bws gan daflu swsys, a'i wallt lliw copor yn dawnsio yn yr haul, nes iddo ddiflannu o'm golwg.)

*Fe ges i a Catrin reid reit ddiddorol adre
yng nghefn fan tad Catrin!*

(Whare teg iddo fe am ddod i'n moyn ni. Ddele fy nhad i
byth. Fe gafodd Mam a fy mrawd dipyn o job ei berswadio
i adael i fi fynd i Langrannog yn y lle cynta. Yn y diwedd
fe wnaeth gytuno pan ddwedodd prifathrawes yr ysgol
wrtho y dylen i gael mynd gan 'mod i wedi gweithio'n galed
er mwyn pasio'r 11+. Rhywffordd neu'i gilydd fe wnaeth
hynna'r tric!)

*Doeddwn i ddim yn teimlo'n rhyw sbesial
y bore hwnnw ta beth - bola tost, ond fe
wnaeth waethygu ar ôl y reid! Mae tad
Catrin yn eithaf gwyllt . . . fel hi!
  O, mi wnes fwynhau fy hun yn
Llangrannog. Dw i'n colli clywed sŵn y
môr. Aros funud . . . reit, rwy'n ôl nawr ac
rwy'n dal y gragen at fy nghlust . . . ac
ydw, mi ydw i'n clywed sŵn y môr! Diolch
am ei phrynu i fi.*

(Dw i'n cofio fel y gwnaeth e ddewis hon o'r holl rai oedd
yn y siop, a'i rhoi hi wrth fy nghlust. 'Ti'n clywed
rhywbeth?' holodd fi. Finne yn edrych yn dwp a siglo
'mhen. Yna, fe wnaeth ei dal at ei glust ei hun cyn ei rhoi
hi'n ôl wrth fy nghlust i gan symud cudyn o'm gwallt o'r
ffordd. 'Hei! Be ti'n neud?' mynte fi. 'Ssh! Gwranda . . . sŵn
y môr,' medde fe. 'O, ie!' mynte fi. 'Fi'n ei glywed e nawr!' A
dyma ni'n dau yn chwerthin ac yna fe wnaeth e gydio yn

fy llaw a'm tynnu at y cownter er mwyn talu amdani. Dyma'r tro cynta iddo gydio yn fy llaw. Fe wnaeth yr hen fenyw fach tu ôl i'r cownter wenu'n hapus arnon ni ac yna darllen yr ysgrifen ar y gragen, 'Welcome to Llangrannog', cyn ei lapio'n ofalus, ofalus mewn papur sidan glas. 'Pethe bregus,' medde hi yn freuddwydiol wrth roi'r gragen mewn bag bach papur brown a'i estyn i fi.

'Diolch yn fawr,' mynte ni'n dau gan redeg allan o'r siop i ddall y lleill.

'Braf eich byd chi,' galwodd ar ein hôl. Ac fe wnaeth ailafael yn fy llaw.

Ond drannoeth, roedden ni i gyd yn mynd adre. Fe wnaethom ddala dwylo yr holl ffordd 'nôl i'r gwersyll . . . dala'n dynn, dynn – ofan gollwng gafael rhag ofan na fyddem yn ddigon dewr i ailgydio eto. Roedd yn deimlad cynnes neis!)

A diolch am y blodau hefyd!

(Fe wnaeth ollwng fy llaw am ychydig eiliade er mwyn neidio ar ben wal gardd rhywun a thorri tusw o flode glas pert. Yna, i lawr ar ei linie â fe a dechre canu cân roeddwn wedi ei dysgu y noson cynt!

'Mi gwrddais i â merch fach ddel,
Lawr ar lan y môr . . .'

Wrth eu hestyn i mi fe ddwedodd, 'Dyma ti, maen nhw'n gwmws yr un lliw â dy lyged di!' Edrychais ym myw ei lygaid am eiliad – llygaid brown fel dwy gneuen. Cochais at fy nghlustie, ac i guddio fy swildod fe blannais fy nhrwyn ynghanol y blode. O, roedd arogl hyfryd arnyn nhw.

'Dere,' mynte fe gan ailafael yn fy llaw a dyma ni'n rhedeg nerth ein coese – oedd yn frown fel toffi ar ôl bod allan yn yr awyr agored am wythnos gyfan . . . rhedeg a rhedeg ar ôl y lleill a sŵn ein chwerthin yn bownsio o dŷ i dŷ ar hyd y strydoedd culion.

Ond . . . doedd Catrin ddim yn chwerthin. 'Ble ti 'di bod?' holodd yn grac.

'Sori, Cats,' mynte fi.

'Paid â'n cael ni i fwy o drwbwl gyda'r swogs,' mynte hi.

Roedd Catrin yn ffrind da i fi – yr unig ffrind a dweud y gwir. Ysgol fach, fach oedd ein hysgol ni a dim ond ni'n dwy oedd wedi dod i Langrannog, fi yn un ar ddeg oed a Catrin yn ddeg. Roedd Catrin yn hollol *fed up* gyda Delme. Y peth oedd yn ei gwylltio fwya oedd fod Delme, ers i ni gyrraedd, wastad yn dod i eistedd ar y fainc tu ôl i ni amser bwyd gan eistedd gefn wrth gefn a bu bron iddi fynd yn ffeit un diwrnod tua chanol yr wythnos. Rwy'n credu mai Catrin ddechreuodd bethe. Rwy'n siŵr ei bod wedi rhoi pwt go eger i'w eis e gyda'i phenelin, ac un arall, a wedyn fe weles i Delme yn rhoi pwt yn ôl! 'Stopiwch hi!' mynte fi, ond dal ati wnaethon nhw ac erbyn hyn roedd dwy benelin Catrin yn mynd fel olwynion trên. Ac wrth gwrs, fe wnaeth un o'r swogs weld, on'd do fe.

'Reit,' mynte hi, 'be sy'n mynd 'mlaen fan hyn?'

Ddwedodd neb ddim byd.

'Rhag eich cwilydd chi yn ymladd wrth y bwrdd bwyd. Fe gewch chi . . . [SAIB HIR] . . . helpu i olchi'r llestri cinio.'

'O, na,' ddwedon ni'n tri gyda'n gilydd. Roeddem eisoes wedi gwneud ein shifft ni.

'Edrych be ti 'di'i wneud nawr,' mynte Catrin yn surbwch wrtha i.

'Fi?' mynte fi yn syn. 'Dim fi wnaeth bigo ffeit!'

'Dy fai di yw e,' mynte hi.

'Shwt hynny?' holes i.

'Wel, oes raid i'r Delme yna dy ddilyn di rownd fel rhyw gi bach drwy'r amser?'

Fe aeth hwyl Catrin yn waeth pan daflodd Delme winc ata i a dweud, 'Gweld chi wrth y sinc, ferched!'

Ac wrth gwrs, fe wnaeth e a fi joio bod yng nghwmni'n gilydd er nad oedd yn neis iawn crafu'r sbarions oddi ar y plate i mewn i'r biniau gwastraff. Ych a fi! Rwy'n gweld y bêcd bîns nawr!)

Sori bod Catrin wedi pigo ffeit gyda ti. Mae hi wedi cael ei thonsils allan ers i ni fod yn Llangrannog ac rwyf inne wedi bod yn yr ysbyty, sy'n egluro pam nad ydw i wedi ysgrifennu cyn hyn . . . ac yn egluro pam fod bola tost gen i amser o'n ni'n gadael. Fe wnes i bigo rhyw salwch fyny yn Llangrannog yn ôl pob sôn. Fe fues yn sâl ofnadw ar ôl dod adre ac yn y diwedd fe anfonodd y meddyg fi i'r lle 'ma i fod mewn solitary confinement. Roedd e'n ofnadw. Dim ond Mam oedd yn cael dod i 'ngweld i. Roedd Mam yn gorfod gwisgo gown mawr gwyn hir a

mwgwd a menig. Fe es i yn reit depressed
erbyn y diwedd ac fe welodd Mam hynny
ac fe wnaeth hi holi a alle Catrin ddod
i'm gweld. O, roedd hi mor braf ei gweld
hi - fe fuodd gyda fi am tua dwy awr gan
fod Mam wedi mynd i iste yn y cyntedd er
mwyn i ni gael cyfle i siarad. A siarad a
siarad a chwerthin wnaethon ni. Fe
welles i ar ôl hynny.

Roeddwn wedi colli pythefnos gynta'r
ysgol fawr ac yn rîli ofan mynd. Dim ond
fi oedd yn mynd o'n hysgol ni, ti'n gweld.
Blwyddyn nesa fydd Catrin yn dod i'r
ysgol fowr.

Ta beth, roedd rhaid i fi gerdded i
mewn i'r stafell ddosbarth yma ac roedd
yn teimlo fel pe bai llygaid pob plentyn ar
y ferch newydd oedd yn hwyr yn dechre
. . . sef fi . . . GYLP . . . roeddwn ise i'r llawr
fy llyncu. Rywsut fe wnes i lwyddo i
gerdded trwy'r llwybr rhwng y desgiau
pren a chael sedd yn y cefn ac ymhen sbel
dyma'r ddwy ferch oedd yn iste tu blaen i
fi yn troi rownd ac yn holi, ' Wyt ti ise bod
yn ffrindie 'da ni?' Ac fe nodies i fy mhen
yn non stop!

O ie, fe ges i hundred lines ar fy

niwrnod cynta. Fe es i i'r wers Gemeg,
dyma'r athro'n dweud, 'All those with no
books, stand up.'

Wel, fe wnes i sefyll lan gyda tua thri o
gryts. A dyma'r athro'n dweud, 'Fifty lines
each. On my desk tomorrow morning. I
must not forget my books.'

A dyma fi'n meddwl bod well i fi
ddweud nad oeddwn i wedi cael llyfre.

'Syr, does dim . . .' ond ches i ddim cyfle
i orffen.

'A hundred lines for you, girl,' mynte fe
wedyn.

Ond fe fuodd e'n ffeind iawn i fi pan es
i â'r 100 lines. Roedd rhywun wedi dweud
wrtho fe, siŵr o fod, mai dyna fy niwrnod
cynta yn yr ysgol.

Dw i'n hoffi Cemeg. Wyt ti? Shwt ma'r
ysgol newydd 'da ti? Gobeithio dy fod
wedi setlo. Rwy'n dal i fynd ar goll a dim
ond 300 o blant sydd 'ma. Rwy'n cofio ti'n
dweud fod dros 1000 yn dy ysgol di.

Reit, well i fi fynd nawr - lot o waith
catre.

Gobeithio y gwnei di sgwennu 'nôl.

Cofion cynnes iawn

Ifana x

A dyma fi'n plygu'r llythyr a'i roi yn yr amlen. Llyfu'r amlen, ac yna ysgrifennu'r cyfeiriad. Troi'r amlen eto a chwerthin wrth roi S.W.A.L.K. ar y cefn ac ychwanegu:

If undelivered please return to:
ac yna sgwennu fy nghyfeiriad i.

Fe wnes holi Mam am stamp gan ddangos yr amlen iddi. Fe edrychodd yn gam arna i am eiliad cyn estyn un i fi o'i phwrs.

'Peidiwch dweud wrth Dada,' mynte fi.

Fe edrychodd arna i am eiliad arall a rhyw olwg ryfedd yn ei llygaid.

'Wna i ddim shwt beth. Rho fe ar y cownter yn y siop. Fe fydd y postmon 'ma unrhyw funud,' mynte hi, wrth edrych ar y cloc. Bant â fi a'i roi ar dop y pentwr oedd yno'n barod.

Fe es 'nôl mewn pum munud i weld a oedd y postmon wedi bod. Na, roedd y pentwr ar y cownter o hyd. Ond doedd dim sôn am fy llythyr i. Doedd e ddim yno. Edrychais yn wyllt drwy'r llythyron. A! Dyna ble roedd e – yn y canol. Roedd siŵr o fod rhywun arall wedi dod â llythyron i'w postio ac wedi eu rhoi ar ben fy llythyr i.

'Be ti'n neud, groten?' Neidiais yn grwn. Roedd fy nhad wedi dod o rywle.

'Dim. Dim byd,' meddwn, gan redeg 'nôl i'r gegin at Mam.

Clywais gloch fach drws y siop yn canu.

'Y postmon wedi dod,' medde Mam gan wincio arna i.

A dyna'r tro dwetha weles i'r llythyr . . . tan heddiw . . . 50 mlynedd yn ddiweddarach.

❤

Heddiw oedd y diwrnod yr oeddwn yn clirio ar ôl i fy mam farw. Roedd fy nhad wedi marw ers blynyddoedd ond wnaeth Mam erioed adael i fi ei helpu i glirio'i stwff. 'Gad i bethau fod' oedd ei geiriau bob tro yr oeddwn yn cynnig.

Roedd yr hen siop yn llawn papurau ac yn lle amlwg i ddechrau. Roedd degau o sachau sbwriel du yn llawn erbyn hyn. Roedd un cwpwrdd arall i'w glirio a dechreuais lenwi sach arall eto fyth. Syrthiodd amlen i'r llawr . . . stopiais . . . edrychais ar yr amlen ac adnabod yr ysgrifen blentynnaidd . . . fy ysgrifen i . . . yn un ar ddeg oed. Eisteddais ar ganol y llawr ynghanol y sachau ac agor yr amlen a dechrau darllen:

Annwyl Delme . . .

Am yr holl flynyddoedd yna, roeddwn wedi credu nad oedd wedi fy ateb i.

Doedd dim rhyfedd nad oedd e! Doedd e erioed wedi derbyn fy llythyr i. Am funud, roeddwn yn un ar ddeg oed unwaith eto a geiriau fy nhad, 'Be ti'n neud, groten?', yn atseinio yn fy nghlustiau. Wrth gwrs, roedd e wedi fy ngweld yn rhoi'r llythyr ar y cownter . . . ac wrth gwrs, yn ôl ei arfer wedi penderfynu rhoi stop ar bethau, fel y gwnaeth lawer tro arall ers hynny.

Rhoddais y llythyr yn ôl yn yr amlen.

Mae'r cownter yno o hyd ond does dim un postmon yn dod i gasglu'r llythyron o'r siop mwyach. Pan wnaeth Mam ymddeol fe osodwyd blwch postio ar ben y lôn. Agorais y drws a gwrando ar dincian cyfarwydd y gloch fach.

Cerddais i fyny heibio'r llwyn *hydrangea* (anrheg a roddais i fy mam flynyddoedd maith yn ôl), sydd â blodau glas yn gwmws yr un lliw â fy llygaid i. Roedd arogl y blodau yn fy nilyn bob cam o'r ffordd.

Rhoddais sws i'r amlen . . . a'i phostio . . . a chlywed y llythyr yn glanio yn y blwch gwag.

Tybed a wnaiff e gyrraedd pen ei daith y tro yma?

Stori arall fydd honno!

ELERI LLEWELYN MORRIS

EDMWND ARTHUR

Credaf fod Edmwnd Arthur – Ted i'w ffrindiau – a minnau wedi syrthio mewn cariad ar yr olwg gyntaf. Doedd dim pwrpas gwastraffu amser felly. Yn fuan ar ôl i ni gyfarfod, daeth i fy ngwely, a buom yn cysgu efo'n gilydd am flynyddoedd i ddod. Fo oedd y cywely perffaith: byth yn chwyrnu, byth yn cicio, dim ond cysgu'n dawel yn fy mreichiau a gadael i mi gosi'r blew bach euraid ar ei fol. Ond roedd o'n gymaint mwy na hynny. O fewn dim amser daeth ei wyneb annwyl a'i gorff bach melyn blewog i gynrychioli'r pethau gorau yn fy mywyd: efo Edmwnd Arthur ro'n i'n teimlo 'mod i adra – yn hapus ac yn saff.

Os bu unrhyw un angen tedi bêr erioed, fi oedd honno. O oedran cynnar iawn sylweddolais mai un o'r pethau pwysicaf mewn bywyd i mi oedd cwmni – ond, heb frawd na chwaer, dim plant o'r un oed â mi yn byw yn yr un rhan o'r pentref, a Mam a Dad yn gweithio, yn anffodus, doedd cwmni ddim yn hawdd iawn ei gael. Ond roedd gen i un ffrind oedd yno bob amser, yn gwmni ac yn gysur, rhyngdda i ac unigrwydd. Edmwnd Arthur oedd hwnnw. Wnes i erioed ei drin fel babi. Cymar cyfartal oedd o o'r dechrau – enaid hoff cytûn.

Gwnaeth rywfaint o enw iddo'i hun yn ifanc. Un sâl fûm i am gysgu erioed, a deallaf y byddai Mam i'w gweld yn cerdded o gwmpas y pentref yn aml am tua chwech o'r gloch y bore, yn fy mhowlio i ac Edmwnd Arthur yn y pram, mewn ymdrech i fy nghael i i gysgu ar ôl noson arall ddigwsg. Unwaith, pan oeddwn yn aros efo ffrind ac yn siarad yn hwyr i'r nos gan ei chadw hi rhag cysgu, cefais fy atgoffa o hynny ganddi. Byddai dewyrth iddi yn mynd i'w waith yr adeg hynny bob bore, meddai hi, ac yn gweld Mam yn cerdded o gwmpas y pentref. 'Mi oedd o'n deud bod pawb yn sôn amdani a bod gin bawb biti drosti hi,' meddai'n filain, 'yn dy bowlio di o gwmpas yn dy bram ben bora – y chdi a dy dedi bêr!' Nid fy mod i'n cofio hynny, wrth gwrs. Yr hyn yr ydw i *yn* ei gofio ydy ceisio gohirio mynd i'r gwely cyhyd ag y gallwn bob nos yn ystod fy mhlentyndod. Dw i'n amau bod Edmwnd Arthur yn rhannu fy nheimladau gan ei fod yntau o'r un anian â mi. Gefn trymedd nos, a finnau'n hollol effro – yn enwedig pan oedd sŵn gwynt mawr yn y corn a glaw yn curo'r ffenest – am gysur oedd cael swatio efo Edmwnd Arthur gynnes. Doedd neb tebyg iddo am gadw ofn draw.

Gallwn ymddiried ynddo'n llwyr, a dywedwn bopeth wrtho: doedd yna'r un gyfrinach yn rhy bersonol nac yn rhy ofnadwy i mi ei rhannu efo Ted. Gwyddai nad oeddwn yn

46

sâl hanner mor aml ag y byddwn yn cymryd arnaf; mai esgus oedd hynny i gael sbario mynd i'r ysgol a chael sylw a maldod a phawb i wneud ffỳs ohona i. Adegau hapus oedd y rheini: Mam yn gwneud tanllwyth mawr o dân yn y llofft ac Edmwnd Arthur a minnau fel brenin a brenhines yn y gwely, yn cael tendans gan bawb. Yn wir, roeddwn wedi teimlo erioed bod yna rywbeth brenhinol o gwmpas Edmwnd Arthur. Gallech weld hynny'n glir wedi i deganau eraill ymuno â ni: cwningen fawr lwyd, cwningen fach binc, nifer o ddoliau, goliwog a chlown. O'u gweld gyda'i gilydd, doedd dim dwywaith nad Edmwnd Arthur oedd y brenin, fwy nad oes amheuaeth mai'r llew ydy brenin y jyngl. Roedd gan Ted *aura* o awdurdod yr arweinydd naturiol o'i gwmpas – a rhyw urddas gynhenid na pherthynai i'r un o'r lleill.

Daeth yn arth addysgedig. Cafodd wersi darllen ac ysgrifennu, hanes a daearyddiaeth – beth bynnag roeddwn i wedi bod yn ei ddysgu yn yr ysgol yn ystod y dydd – a dangosais iddo sut i wneud syms. Ambell dro, cyn belled â'm bod i wedi bod yn gwrando ar y gweinidog yn y capel ar y Sul, byddai'n cael pregeth. 'Mae 'na dri math o gariad, Ted: cariad *os*, cariad *am* a chariad *er*. Mae 'na rai pobol yn dy garu di dim ond *os* wyt ti'n dda ac mae 'na rai yn dy garu di *am* dy fod ti'n dda, ond mae Duw yn dy garu di *er* bo' chdi'n ddrwg.' A daeth fy rhieni i fy meddwl. Dywedais wrth Ted fy mod wedi sylwi bod pa mor glên roedden nhw yn dibynnu ar ba mor dda roeddwn i – ac eglurais iddo ei bod yn amhosib i rywun fod yn dda *drwy*'r amser. Roedd y ddau'n glên iawn pan ddeuwn adref o'r ysgol wedi cael marciau uchel – ond gwae fi pe bawn yn gwneud rhywbeth o'i le, fel pechu yn erbyn un o gwsmeriaid eu siop. Yn anffodus, roedd y rheini'n hawdd iawn eu pechu. Cymerodd un yn fy erbyn am i mi anfon llythyr at ei mab pan oeddwn tua chwech oed, yn datgan fy nghariad tuag ato (bu'n rhaid iddi dalu dwbwl pris y stamp i'r postmon gan nad oeddwn wedi rhoi stamp ar yr amlen, ac fe yrrodd hynny hi o'i cho'). Digiodd un arall wrthyf am i mi golli rheolaeth ar y beic dwy olwyn roeddwn yn dysgu ei reidio, a llywio'r olwyn flaen rhwng ei choesau nes ei bod yn eistedd ar ei phen. Wrth gwrs, roedd yn rhaid iddi fod yn un o ferched mwyaf sidêt y pentref – a doedd ei chael ei hun yn eistedd ar ben beic efo olwyn rhwng ei choesau ddim yn rhywbeth y gallai ei anghofio, na'i faddau, ar chwarae bach. 'O! Be 'dach chi'n drio'i *wneud*, Eleri?' gofynnodd – ond cyn i mi fedru ateb roedd Mam yno, a'i gwynt yn ei dwrn, yn ymddiheuro'n daeog ar fy rhan. Cytunodd â'r cwsmer fy mod yn hogan wirion a chefais bryd iawn o dafod ganddi; dywedodd wrth Dad, a chefais gerydd pellach ganddo fo.

At Edmwnd Arthur yr awn i achwyn bob tro roeddwn wedi cael cam, ac, fel y dywedais wrtho'n ddiweddarach, roedd y peth mor annheg. 'Damwain oedd hi, Ted,' eglurais. 'Taswn i wedi *trio* cal olwyn flaen y beic rhwng 'i choesa hi, 'swn i byth wedi medru gneud!' A dyna foddi fy wyneb yn ei gôt ffwr ac ymollwng i grio mawr, llawn hunandosturi, gan gymryd yn ganiataol ei fod yntau, fel arfer, yn cydymdeimlo'n llwyr. Ond pan edrychais arno, yn ystod seibiant bach o'm hwylofain, tybiais imi weld tro tebyg i wên ar ei wefusau. 'Ted, tydy o'm yn ddigri!' dwrdiais, gan geisio swnio'n flin – ond dal i ryw gilwenu roedd o. Yn wir, cefais y teimlad fod Edmwnd Arthur yn gwneud ymdrech lew i beidio â chwerthin. Eiliad arall, ac roedd o wedi gwneud i minnau chwerthin efo fo. Roedd ganddo ddawn arbennig i wneud i mi weld pethau'n wahanol, ac roedd pob briw'n cael ei liniaru o'i rannu efo Ted.

Bob tro y byddwn yn mynd i aros oddi cartref, byddai Edmwnd Arthur yn cael dod efo fi, ac felly roedd o wedi gweld dipyn o'r byd erbyn ei fod yn ddeuddeg oed. Cofiaf yn dda y tro cyntaf erioed i mi fynd i aros oddi cartref hebddo. Ar gwrs pum niwrnod o'r ysgol gynradd yng Ngholeg Amaethyddol Glynllifon roedd hynny, a minnau'n ddeg oed. Roedd arna i hiraeth mawr ymhell cyn mynd yno – ond dim ond Ted a wyddai hynny gan fy mod wedi bod yn bwrw fy mol iddo fo yn y gwely bob nos ers wythnosau cyn mynd. O'r diwedd daeth yr amser a chofiaf fod gwely Glynllifon yn teimlo'n noeth a rhyfedd hebddo – ac eto fedra i ddim dweud fy mod wedi teimlo'n unig yno. Bob nos wedi i'r golau gael ei ddiffodd, deuai sŵn wylo tawel a snwffian o sawl gwely yn y stafell, felly gwyddwn fy mod mewn cwmni da.

Ambell dro deuai rhai acw, i'n tŷ ni, i aros. Roedd gen i dair cyfnither hŷn na mi a phan oeddwn yn blentyn byddai'r tair yn dod acw ar eu gwyliau, weithiau dwy ar y tro, gan rannu fy ngwely. Ar adegau felly doedd dim lle i dedi bêr. Ond yn waeth na dim, roedd dwy o'r cyfnitherod 'ma yn hoff iawn o gael crafu eu cefnau cyn mynd i gysgu'r nos ac ar ôl deffro'r bore – a phwy fyddai'n gorfod gwneud y crafu? Y fi! 'Tyd, Lel, crafa'n cefna ni am dipyn bach eto!' Finnau'n crafu a chrafu nes bod fy mraich i'n brifo, ac Edmwnd Arthur yn edrych arnaf, ei lygaid gwydr gloyw yn llawn cydymdeimlad. Fe wyddai y byddai'n llawer gwell gen i gysgu efo fo. Un flwyddyn, pan ddaeth un o'm cyfnitherod draw i aros, gwelodd Edmwnd Arthur ar y gwely ac meddai: 'Ti'm yn *dal* i gysgu efo Ted, w't, Lel?' Wyddwn i ddim beth i'w ddweud. Roedd tôn ei llais yn awgrymu fy mod wedi mynd yn rhy hen i gysgu efo fo. 'Y, ym, nac'dw. Jest digwydd bod ar y gwely mae o,' atebais, a'i symud oddi yno i eistedd ar gadair ger y ffenest, gan osgoi edrych i'w lygaid. Fedrwn i ddim credu fy mod wedi dweud hynna! I feddwl fy mod wedi ei wadu o! Ond pan fentrais edrych arno o'r diwedd, gallwn weld ar ei wyneb ei fod wedi maddau i mi'n barod. Roedd ei lygaid caredig yn dweud, unwaith eto, bod popeth yn iawn; ei fod o'n dallt. A dyna oedd mor arbennig am Edmwnd Arthur: teimlwn ei fod yn fy ngharu pan oeddwn ar fy ngorau ac yn fy ngharu pan oeddwn ar fy ngwaethaf. Roedd o'n fy ngharu â chariad diamod. Cariad *er*.

Mae'n ddrwg gen i ddweud nad dyna oedd yr unig dro i mi ei wadu. Wrth i mi fynd yn hŷn, er nad oedd fy nheimladau tuag ato wedi newid, doeddwn i ddim am i neb wybod fy mod yn dal i gysgu efo fy nhedi bêr. Pan ddaeth yn amser i mi fynd i Gaerdydd i'r brifysgol, wyddwn i ddim beth i'w wneud: fedrwn i ddim meddwl am adael Ted, ond meddyliais efallai y dylwn ei guddio mewn cwpwrdd neu ddrôr. Yn ffodus, ar ôl cyrraedd, gwelais nad oedd raid i mi fod wedi poeni: nid y fi oedd yr unig un i ddod â ffrind bore oes efo hi. Daeth llawer o fy ffrindiau newydd i'w nabod, a byddai rhai yn holi amdano. 'Sut ma' Ted?' 'Shwt ma' Ted?' Ac am braf oedd dod yn ôl ar ôl bod yn y coleg drwy'r dydd neu allan yn hwyr yn y nos a'i weld o yno ar y gwely, yn aros amdana i. Tamaid bach o Fynytho yng Nghaerdydd.

Ond roeddwn i'n newid. O fod yn gariad mawr fy mywyd i gariad cudd yr oeddwn am i bawb feddwl fy mod wedi tyfu allan ohono, yn raddol cafodd Edmwnd Arthur ei esgeuluso wrth i mi dyfu allan ohono go iawn. Nid nad oeddwn yn dal i'w garu, ond daeth amser pan nad oeddwn yn meddwl cymaint amdano; ddim yn ymddiried ynddo, a ddim yn cysgu efo fo ddim mwy. A wedyn, pan fyddwn *yn* meddwl amdano, byddwn yn teimlo'n euog. Edrychai'n unig, fel hen ŵr wedi goroesi ei gyfeillion. Roedd y doliau a'r cwningod a'r clown a'r goliwog wedi hen adael am jymbl sêls. Fedrwn i byth feddwl am gael gwared arno fo ac eto, bellach, ychydig iawn o sylw a roddwn iddo. Edrychai yntau'n annwyl arnaf o hyd, a'i lygaid yn dweud: 'Paid â phoeni: mae hyn yn naturiol. Mae pawb yn newid wrth fynd yn hŷn; dw i'n dallt.' Ond tybed nad cymryd arno bod popeth yn iawn roedd o? Gwneud ymdrech i fod yn ddewr, er fy mwyn i? Efallai ei fod yn dioddef yn dawel, fel pry. Ambell dro, roedd fel pe bai'n methu â chuddio ei wir deimladau a dychmygwn weld rhyw olwg drist, fel un wedi'i fradychu, yn ei lygaid gloyw. Fel pe bai o'n dweud: roeddwn i yno i ti pan oeddat ti'n blentyn oedd angen ffrind a chwmni. Pam nad wyt ti yma i mi, a finnau'n dechrau mynd yn hen?

Ond diwedd hapus sydd i hanes Ted annwyl. Ychydig flynyddoedd yn ôl, yn annisgwyl iawn, fe briododd Edmwnd Arthur. Yn wir, roedd hyn yn annisgwyl hyd yn oed iddo ef ei hun. Un diwrnod, fel roeddwn yn chwilio am sgarff mewn siop ym Mhorthmadog, fe ddigwyddais weld teulu o dedi berod ar silff gyfagos ac, yn eu mysg, roedd y dedi beres harddaf a welais erioed: tedi beres a edrychai'n ddoeth ac yn ddireidus ar unwaith; rhywun a fyddai'n gwmni diddan ac yn ddigon o hwyl. Bûm yn meddwl amdani ar ôl mynd adref. Dair wythnos yn ddiweddarach, penderfynais fynd yn ôl i'r siop ac fe'i prynais i hi.

Credaf fod Edmwnd Arthur – Ted i'w ffrindiau – wedi syrthio mewn cariad ar yr olwg gyntaf am yr ail waith yn ei fywyd pan welodd o Elanor Martha, ond doeddwn i ddim mor siŵr am ei theimladau hi tuag ato fo: rhaid cofio bod Ted dipyn go lew yn hŷn na hi, ac nad oedd ei gôt yn felyn euraid mwyach gan iddo gael ei fwytho nes ei fod bron iawn yn foel. Sut bynnag, rhyw ddeunaw mis wedyn, cafodd Edmwnd Arthur sioc fwy byth: daeth yn dad am y tro cyntaf! Y Nadolig hwnnw, cefais dedi bêr bach yn anrheg gan rywun na wyddai ddim am fodolaeth fy eirth, ac fe gyfannodd Nedw bach y teulu. Byth ers hynny, mae'r tri wedi bod yn byw yn fy stafell wely yn deulu bach dedwydd, a tydy Edmwnd Arthur ddim yn edrych yn drist nac yn unig ddim mwy. A fi? Ydw i'n genfigennus? Nac ydw, dw i'n hapus drosto fo – a dyna ydy cariad go iawn, yntê? Meddwl am y person arall yn fwy na chi'ch hun, a bod yn hapus iddo fo gael bod yn hapus, fel y dysgodd Ted i mi ar hyd y blynyddoedd. A weithiau, pan fyddaf yn dal Elanor Martha yn edrych ar ei gŵr, fe welaf yr olwg yna yn ei llygaid hi yr ydw i'n ei nabod mor dda am i mi ei gweld mor aml yn llygaid Ted ar hyd fy mywyd. Yr adegau hynny byddaf yn gwybod, moel neu beidio, bod holl rinweddau Edmwnd Arthur wedi ennill calon Elanor Martha, a'i bod hithau, bellach, wedi dod i'w garu gymaint ag yr ydw i.

BETHAN GWANAS

Y BUSNES SNOGIO 'MA

Ei efaill o ddaeth i ofyn. Ro'n i efo fy ffrindiau newydd yn *Form One* yn yr ysgol uwchradd, yn mwynhau'r profiad cynhyrfus o dreulio amser chwarae ynghanol cannoedd o blant yn hytrach na'r ychydig dros ugain oedd yn Ysgol Gynradd y Brithdir. Do'n i ddim eto wedi dod i arfer efo galw 'amser chwarae' yn 'amser egwyl'.

Ro'n i wedi sylwi ar griw o fechgyn hŷn yng nghornel y buarth, ac wedi sylwi bod un ohonynt yn dalach na'r gweddill, ac yn dipyn o bishyn. A deud y gwir, ro'n i'n ei weld o'n eitha tebyg i Donny Osmond, er 'mod i wedi tynnu posteri hwnnw i lawr erbyn hynny am 'mod i wedi penderfynu bod yn well gen i Brian Connolly, y boi gwallt hir melyn oedd yn canu efo Sweet.

Ta waeth, tywyll fel Donny oedd hwn. Roedd ei frawd yn fyrrach, gyda gwallt hir at ysgwyddau ei *blazer* ddu. Wyddwn i ddim ar y pryd eu bod nhw'n frodyr, heb sôn am efeilliaid.

'Will you go out with Ian?' gofynnodd.

'Padyn?'

'Ian, my brother over there. He fancies you.'

Gallwn deimlo fy mochau'n berwi; roedd fy ffrindiau newydd yn giglan ac yn fy mhwnio, ac roedd Donny Osmond yn sbio arna i. Doedd gen i ddim syniad be ro'n i i fod i'w ddeud na'i wneud.

'Ym . . .'

Merched ffarm diniwed oedd y rhan fwya o fy ffrindiau, ond ro'n i hefyd wedi dod i nabod Wendy, hogan dre, am ein bod ni'n eistedd drws nesa i'n gilydd yn Hanes a Chofrestru. Roedd genod y dre yn dallt y drefn ac roedd gan Wendy gariad yn barod. Ro'n i wedi syllu'n gegrwth arnyn nhw'n snogio yn y *cloakrooms*.

'Gw on, deuda ia,' meddai hi. 'Mae Ian yn gorjys.'

'OK,' medda fi wrth yr efaill, ac i ffwrdd â fo i drosglwyddo'r neges i'w frawd.

A dyna ni. Ro'n i'n canlyn. Roedd gen i gariad go iawn am y tro cynta. Doedd yr un fu gen i yn yr ysgol gynradd ddim yn cyfri achos doedden ni 'rioed wedi snogio. 'Run sws glec hyd yn oed, ac yn sicr dim dal dwylo. Y cwbl wnes i efo hwnnw oedd cyfnewid anrhegion Nadolig: hwyaden yn dal y botel fach leia o bersawr ges i gynno fo, a hanner dwsin o lygod siwgr gwyn gafodd o gen i.

Ro'n i mewn cynghrair uwch rŵan, efo bachgen oedd yn dalach na fi; bachgen oedd lawer iawn hŷn na fi hefyd –

roedd hwn (tawela fy mron) yn *Form Three*! Nefi, ro'n i wedi cynhyrfu.

Ond ddigwyddodd affliw o ddim. Dwi'm yn siŵr be ro'n i wedi'i ddisgwyl. Efallai fod golygfa allan o *Love Story* yn gofyn gormod, ond ro'n i wedi gweld fy hun yn cerdded law yn llaw efo fo drwy'r coed a'r blodau neu ar hyd *top quad* o leia. Byddai'n rhaid i mi aros, yn amlwg, achos y cwbl wnaeth o oedd nodio'i ben wrth wrando ar neges ei frawd, gwenu arna i, ac aros efo'i fêts yng nghornel y buarth.

Do'n i ddim i fod i wneud dim, doedd bosib? Cyngor Wendy oedd y dylwn i aros lle ro'n i. Iawn, y dyn oedd y bòs wedi'r cwbl.

'Mae'n siŵr gei di neges i'w gyfarfod o amser cinio neu ar ôl ysgol,' meddai. Ond roedd gen i ymarfer hoci amser cinio, ac yn wahanol i'r bysiau eraill, roedd bws Dinas yn gadael yn syth ar ôl i'r gloch ganu! Roedd pawb arall yn cael cerdded mewn fflyd fawr swnllyd, fflyrtllyd i Sgwâr Eldon i ddal eu bysiau, ond roedd bws Dinas yn mynd yn syth o waelod y dreif! O, pam na fyddwn i'n gallu byw yn Rhyd-y-main neu Fairbourne?

Bu'n rhaid i mi fodloni ar gael gwên (a phwt gan benelin o leia un o fy ffrindiau) wrth ei basio yn y cyntedd rhwng gwersi. Bob tro y byddwn i'n gweld ei ben o'n symud yn hamddenol uwchben pennau pawb arall tuag ata i, mi fyddwn i'n dechrau cochi. Erbyn iddo fy nghyrraedd, byddai fy mochau wedi berwi'n biws, ac am 'mod i'n gwybod hynny, mi fyddwn i'n cochi'n waeth ac isio pi-pi mwya ofnadwy.

O'r diwedd, un amser chwarae, roedd o a'i griw yn sefyllian wrth y gornel o dan ffenest y Prifathro. Pwyso a'i gefn yn erbyn y *pebbledash* roedd o, a'i griw yn trio'n galed i edrych yr un mor *cool*.

Gwthiodd Wendy fi tuag ato. Trodd ei ben tuag ata i gyda gwên.

'Haia,' meddai.

'Haia,' meddwn innau, ac yn sgil pwt gan benelin Wendy, llwyddais i stwffio fy hun at y *pebbledash* wrth ei ymyl. Dwi'm yn gallu cofio gweddill y sgwrs, am 'mod i mewn perlewyg. Ro'n i'n sefyll yn agos iawn, iawn at fy nghariad, yn ei gyffwrdd hyd yn oed, ac roedd pawb oedd yn pasio yn gallu gweld ein bod ni'n 'eitem', yn canlyn. Roedd bywyd yn berffaith.

Y diwrnod canlynol, a minnau'n treulio amser egwyl yn ei gwmni o a'i griw eto, ro'n i ar ganol deud rhywbeth pan estynnodd ei law yn ysgafn a thringar i sgubo darn anystywallt o fy ngwallt y tu ôl i 'nghlust. Bu bron i 'mhengliniau roi oddi tanaf. Bûm yn sgwennu a chrafu Ian 4 Beth a Beth (calon) Ian ar lyfrau a desgiau am ddyddiau.

Yna, cyhoeddodd Wendy fod disgo yn Neuadd Idris nos Wener, a bod Ian am fy ngweld i yno. O, fy nuw. Disgo! Disgo go iawn! Ond doedd Mam ddim yn credu 'mod i'n ddigon hen i fynd i ddisgo yn dre. Mi fûm yn strancio a phrotestio:

'Ond mae Wendy'n mynd o hyd ac mae hi ddau fis yn iau na fi!'

Cytunodd Mam yn y diwedd, ar amod: byddai'n rhaid i mi ddod adre am ddeg. O, fflipin hec! Roedd Sinderela wedi cael aros tan hanner nos! Ond dim ond deuddeg oed o'n i, ac ro'n i'n gorfod derbyn bod hanner nos yn hwyr iawn,

iawn. Daethpwyd i gytundeb. Byddai Mam yn aros amdana i yn y car am ddeg ar y dot.

Y broblem nesa oedd:

'O mai god! Be dwi'n mynd i'w wisgo?'

Denims oedd y ffasiwn ar y pryd, ond doedd gen i ddim jîns denim fel pawb arall, dim ond rhyw drowsus pinc a phiws brynodd Mam i mi yn y ffair. Rhaid egluro fan hyn bod Mam yn ddynes ddarbodus iawn. Byw ar ddillad ail-law gwahanol fodrybedd a chyfnitherod fydden ni a dim ond ar gyfer priodasau fyddai hi'n prynu dillad i ni o siop, ond byddai'n gwnïo dillad newydd i ni weithiau. Ro'n i wedi bod yn hynod lwcus i gael trowsus o'r ffair, a hynny ddim ond oherwydd eu bod yn rhatach na jîns denim call. Iawn, ro'n i'n falch iawn o'r trowsus hwnnw, ond doedd gen i ddim byd call i'w wisgo efo fo!

Chwarae teg i Mam, aeth ati i wnïo smoc i mi allan o ddefnydd blodeuog piws brynodd hi yn yr un ffair, ac roedd hi'n barod erbyn i mi ddod adre o'r ysgol ar y pnawn Gwener. Ro'n i'n teimlo'n hynod flodeuog a beichiog ynddi, ond ces fy sicrhau gan Mam 'mod i'n edrych yn tsiampion.

Roedd Wendy'n disgwyl amdana i ar y sgwâr, a suddodd fy nghalon i wadnau fy mhlatfforms pan welais i be roedd hi'n ei wisgo: nid yn unig jîns denim, ond gwasgod ddenim hefyd! Ro'n i'n edrych fel josgin yn fy smoc flodeuog.

I mewn â ni i'r neuadd lle roedd goleuadau amryliw yn troelli a fflachio, yn union fel rhywbeth allan o *Top of the Pops*. Dim ond merched oedd yn dawnsio, a hynny ar sgidiau platfform anhygoel o uchel, mewn cylchoedd o gwmpas pentyrrau bychain o fagiau llaw. Stelcian ac eistedd yn y tywyllwch ar hyd yr ochrau ac yn y cefn roedd y bechgyn, a phob un mewn *tank top*.

Mi wnes i drio craffu i weld ble roedd Ian, ond doedd dim golwg ohono. Dilynais Wendy fel oen bach i ganol y dawnswyr a dechrau dawnsio i 'Rock your baby' George McCrae. Doedd gen i mo'r hyder i ddawnsio o ddifri i hwnnw, ond ro'n i'n gwneud fy ngorau i wneud symudiadau tebyg i ferched tyff *Form Five*. Pan ddoth 'Devil Gate Drive' Suzi Quatro, ro'n i wedi ymlacio mwy ac yn gallu esgus bod yn Suzi go iawn. Hi oedd fy arwres, a doedd gen i wallt bron yn union yr un fath â hi? A phan glywais i ddrymiau Cozy Powell, wel, es i amdani go iawn. 'Dance with the Devil' oedd un o fy ffefrynnau.

Dim ond y merched oedd yn dawnsio o hyd, ar wahân i un boi oedd yn ddigon hyderus (neu feddw) i ddawnsio'n wyllt ar ei ben ei hun. Ond pan ddaeth 'Kung Fu Fighting' Carl Douglas ymlaen, heidiodd criwiau o fechgyn o'r cysgodion i esgus bod yn Bruce Lee, gan ddod yn frawychus o agos at gicio dannedd ei gilydd yn shitrwns.

Ond doedd Ian ddim yn eu mysg. Ro'n i'n dechrau amau ei fod o wedi chwarae tric gwael arna i, nes i'w frawd ddod draw a gweiddi yn fy nghlust bod Ian yn disgwyl amdana i yn y cefn. Dilynais o'n ufudd i'r cysgodion, a fy stumog yn troi a neidio a chrynu fel *twin tub* Mam.

Roedd o'n eistedd mewn rhes yn erbyn y wal bella efo'i gyfeillion, a'r cwbl allwn i ei weld oedd ei ddannedd o. Ond be ro'n i i fod i'w wneud rŵan? Eistedd ar ei lin o? Allwn i byth! Wedi eiliadau meithion, cododd y boi agosa ato – yn anfoddog, yn ôl siâp ei ysgwyddau – ac eisteddais wrth ochr fy nghariad. Rhoddodd ei fraich am fy ysgwyddau a fy nhynnu'n agosach ato a'i arogl Brut cryf. Ro'n i wrth fy modd, ond yn cachu planciau. Be os oedd o'n disgwyl snog? Do'n i erioed wedi snogio unrhyw un ac er 'mod i wedi holi Wendy be'n union ro'n i i fod i'w wneud, do'n i fawr callach. Y cwbl wyddwn i oedd 'mod i i fod i gadw fy ngheg ar agor.

Ro'n i ar ganol deud rhywbeth wrtho pan gaeodd ei wefusau amdana i. Ond ro'n i ar ganol fy mrawddeg, ac mi fethais roi'r gorau iddi mewn pryd. Ro'n i'n dal i baldareuo ac yntau'n fy hwfro. Cododd ei ben a rhuo chwerthin.

'She talked in my mouth!' meddai wrth ei gyfeillion. Ro'n i isio i Scotty wthio botwm ar long ofod y Starship Enterprise i wneud i mi ddiflannu i bellafion y galaeth. Ond mi ddalltodd 'mod i bron â chrio, a chwpanu fy wyneb.

'Ready this time?' Amneidiais yn swil, ac agor fy ngheg (yn fud) iddo, fel cyw yn barod am bry genwair. Wedi munudau hirion o snogio, roedd fy ngheg yn llawn o boer ac roedd gen i ofn llyncu. Bu'n rhaid i mi ryddhau fy ngwefusau a thynnu 'mhen yn ôl cyn i mi foddi. Ond wedi rhyw ugain munud o ymarfer, ro'n i'n dechrau ymlacio a mwynhau fy hun. Heblaw am y cric yn fy ngwar.

Ches i ddim dawnsio mwy y noson honno. Ches i ddim hyd yn oed *smooch*. Y cwbl roedd o isio'i wneud oedd cusanu, nes roedd fy ngwefusau i'n amrwd. Daeth y cyfan i ben pan gydiodd Wendy yn fy mraich i.

'Mae dy fam di yma!' O'r nefi, dyna lle roedd hi yn chwilio amdana i ynghanol yr holl gyplau oedd wedi clymu'n sownd yn ei gilydd. Neidiais ar fy nhraed, ymddiheuro i Ian a brysio at Mam cyn iddi godi mwy o gywilydd arna i.

Mi ges freuddwydion hyfryd y noson honno, ac am sawl

noson arall. Bob dydd yn yr ysgol, mi fyddwn yn cyfarfod Ian amser egwyl a phan na fyddai gen i ymarfer hoci, yn mynd y tu ôl i'r llwyfan amser cinio i gael sesiynau snogio hirfaith, fel nifer o gyplau eraill yr ysgol. Mi ges fodrwy ganddo'n anrheg ar ôl wythnos, un ofnadwy o hyll efo carreg fel lwmp o lo arni, ond nid dyna'r pwynt, naci?

Wedi rhyw bythefnos o ganlyn, mi wnes i ddechrau sylwi ei fod yn siarad efo criwiau o ferched eraill amser egwyl, merched nad oedden nhw'n aelodau o'r tîm hoci, ac wythnos yn ddiweddarach, daeth ei frawd ataf i ddeud bod Ian wedi fy nympio – bum munud cyn i mi ei weld yn syllu'n gariadus i lygaid llawn *eyeliner* du merch o *Form Two* oedd yn byw yn Bont-ddu.

Wnes i ddim crio (nid yn yr ysgol o leia) ond nefi, mi gafodd y bêl hoci ei waldio gen i yr amser cinio hwnnw. Dyna ni, ro'n i wedi fy nhaflu ar y domen, a dwi'n dal i deimlo'n flin pan fydda i'n gyrru drwy bentref Bont-ddu. Wnes i byth siarad efo fo eto, ac mi ges wared o'r fodrwy hyll mewn jymbl sêl. Roedd Wendy'n deud mai wedi ei bachu o'r siop lle roedd o'n gweithio ar fore Sadwrn roedd o beth bynnag.

Mi ges gariad arall yn weddol handi ond dwi'n cofio fawr ddim am hwnnw. Fel y byddai Rod Stewart yn ei ganu flwyddyn neu ddwy yn ddiweddarach: yr anaf cynta ydi'r dyfna. Ond o leia ro'n i'n giamstar ar y busnes snogio 'ma wedi'r holl ymarfer, a wnes i byth siarad yng ngheg neb eto.

TONY BIANCHI

SMOTYN DU

Dim ond yn y capeli y ceid organau o'r
iawn ryw: rhai â dwy allweddell i'r bysedd ac
un arall i'r traed, a menywod cadwrus mewn hetiau
sgleiniog a *twin-sets* yn eu chwarae. Teyrnasai'r organau
hyn uwchben y pulpud a'r sêt fawr, a'u pibau'n ymestyn yn
syth i'r nefoedd, i gael bod yn agos at glustiau Duw: utgyrn
Seion ein hoes ni. Teyrnasai'r organyddesau hwythau.
Roedd mam fy nghariad, Delyth, yn un ohonynt. Ac er mai
ar gyrion y dre yr oedd ei chapel hi, a hwnnw'n gapel llai
uniongred na'r rhelyw, Seion oedd piau ei hutgorn hithau
hefyd.

Harmoniwm oedd gennym ni, yn yr eglwys Gatholig.
Safai hwn ar lawr yr eglwys, wedi'i wthio yn erbyn y wal,
fel petai arnom gywilydd ohono. Lle roedd yr organ yn
rhan greiddiol ac annatod o bensaernïaeth pob capel, rhyw
atodiad bach di-nod oedd yr offeryn hwn. Fe'i prynwyd am
ugain punt mewn ocsiwn hen gelfi ac ni chynhesodd fyth
at ei gartref newydd. Dichon ei fod yn hiraethu am ei
gynefin gynt: rhyw barlwr cynnes, clyd, o bosibl; neu

61

addoldy bach diarffordd, ynghanol y grug a'r defaid, lle daethai'n gyfarwydd â'r llonyddwch a'r unigedd a throi'n hen feudwy surbwch. Un ffordd neu'r llall, Protestant digymrodedd oedd yr harmoniwm hwn, ac fe brotestiodd.

Yn niffyg organyddes hetiog ddilys, myfi gafodd ei benodi i'r swydd honno ar sail fy ngallu symol fel pianydd. Ni chefais hwyl arni. Lle roedd y piano yn gofyn am ddisgyblaeth bysedd yn unig, hawliai'r offeryn hwn ufudd-dod coesau a thraed yn ogystal. Roedd yn feistr llym ac anodd ei blesio. Bu'n rhaid i mi bedalu fel dyn o'i gof dim ond i chwythu'r ddogn leiaf o wynt i'w fegin. Byddai tri phennill o 'Angels from the Realms of Glory', neu un o'r emynau mwy hwyliog eraill, yn ddigon i wagio fy megin innau a'm gadael yn chwythu ac yn llyfedu fel petawn i newydd redeg dwy filltir. Ar dywydd poeth, chwyswn gwartiau, gan ychwanegu haenen wleb, lithrig i fyseddell a oedd eisoes yn gymar hynod ddiafael. Ac er mai creaduriaid di-nod oedd yr harmoniwm a minnau fel ein gilydd yng ngolwg yr Eglwys fyd-eang, roeddem hefyd, mewn lle mor fach, yn boenus o amlwg. Cenfigennwn wrth fy nhad-cu, gartref yn North Shields, fry yn ei oriel gysgodol, yn ddiogel rhag trem y lliaws, yn cadw ei urddas.

Pitw, ysywaeth, oedd ffrwyth fy mustachu gwyllt. Rhyw wich gwybedyn bach oedd llais yr harmoniwm o'i gymharu â seiniau mawreddog organau'r capeli. Wrth lwc, tenau oedd canu ein cynulleidfa hefyd, ac roedd pawb fel petaent yn cydnabod, yn dawel fach, ein bod ni i gyd yn gweddu i'n gilydd, y cantorion petrus, yr offeryn gwichlyd a'r offerynnwr di-glem. 'Gymaint gwell nag o'r blaen,' meddai'r plwyfolion, heb argyhoeddiad. Dichon fod rhyw lun o gyfeiliant, hyd yn oed cyfeiliant mor amhersain, yn well na dim.

Ar gyfer offeren y Sul y byddwn i'n canu'r harmoniwm. Ond nid dim ond emynau a ganem. Ar ôl dwy flynedd o gydymdrechu, ac er gwaethaf ein diffygion lu, roeddem bellach yn rhoi cynnig ar berfformio'r offeren ei hun, neu o leiaf y darnau hawsaf ohoni, megis y *Kyrie* a Gweddi'r Arglwydd. Unsain oedd y cyfan, wrth gwrs, heblaw trwy ddamwain. Ac fe ddefnyddiem y gosodiad symlaf oll, heb nodau uchel nac isel. Yn wir, o'r braidd y gellid ei alw'n gerddoriaeth o gwbl, ond roedd yn gam i'r cyfeiriad iawn.

Câi'r ffyddloniaid fynd i'r gyffes o flaen yr offeren, pe dymunent, neu, fel arall, ar brynhawn y diwrnod cynt, sef y dydd Sadwrn. Ar y dydd Sadwrn yr euthum innau ar yr achlysur dan sylw, gan dybied y byddai hynny'n rhoi mwy o amser ar gyfer yr hyn oedd gen i i'w gyffesu. Ni wyddwn faint yn union y byddai ei angen, am y rheswm syml nad oeddwn i wedi cyffesu'r pechod hwn o'r blaen. Yn fy achos i, o leiaf, pechod cwbl wreiddiol oedd e. Ond roeddwn i'n weddol ffyddiog na chawn fy mhengliniau'n rhydd mewn llai na deg munud. A dyna'r penyd wedyn. Siawns na fyddai hwnnw'n benyd go drwm, a sut gallwn i fod yn sicr y byddwn i'n ei gwblhau yn y munudau prin hynny cyn i mi orfod cychwyn ar y gwaith pedalu? Ac ni ddeuai'r maddeuant i rym nes bod y pechadur yn cwpla'r penyd i gyd. Peth drud oedd maddeuant yn yr oes honno a rhaid oedd talu'n llawn amdano. Doedd Duw ddim yn credu yn y *never-never*.

Eithr yr hyn a godai'r ofn mwyaf arnaf, wrth feddwl am gyffes y Sul, oedd treulio'r amser hir ond amhenodol hwnnw yn y gyffesgell ac yna gorfod dychwelyd i gorff yr eglwys ac wynebu'r cyffeswyr eraill. Dyrnaid bach fydden nhw, mae'n wir, ond roedd llygaid gan bob un, a watshys hefyd, a bydden nhw'n gwybod yn iawn nad pechodau dibwys oedd testun fy nghyffes, oherwydd pwy sy'n treulio deg munud i restru rhegfeydd a chelwyddau bach y pechdaur cyffredin? Trueni nad oeddwn i mor groendew â Veronica Doyle. Âi honno i'r gyffes bob dydd Sul bron, a phawb yn gwybod pam. Onid oedden ni wedi'i gweld hi'n dawnsio gyda Stephen Murray yn yr undeb y noson cynt, a dwylo hwnnw'n crwydro i bob man? Onid oedd y bechgyn yn ein plith i gyd yn uniaethu â dwylo Stephen a'u crwydriadau wrth i Veronica ddychwelyd i'w sêt, a'i mantila'n fframio'i hwyneb diwair?

Na, doedd fy nghroen ddim mor dew â hynny.

I dŷ'r eglwys, nid i'r eglwys ei hun, yr âi'r pechadur ar ddydd Sadwrn er mwyn dweud ei gyffes: nid oedd disgwyl i'r offeiriad eistedd yn ei gwt pren trwy'r prynhawn, yn disgwyl am yr ychydig a gymerai fantais ar y cyfle hwnnw. Roedd y tŷ'n sownd wrth yr eglwys. Doedd dim enw arno ond fel 'Mynydd Carmel' y câi'r tŷ a'r eglwys eu hadnabod fel ei gilydd. Roedd y naill, gellid dweud, yn estyniad o'r llall, a'r ddau yn ddatganiad o uchelgais y genhadaeth apostolig yn y parthau hyn. Safent ar godiad bach o dir, a'u gwyngalch yn adlewyrchu haul y de. Ar y tipyn lawnt o flaen y tŷ, dodwyd croes fawr, fel y gallai'r Iesu croeshoeliedig edrych i lawr ei drwyn ar gapel y Methodistiaid Calfinaidd ar draws y ffordd.

Cnociais ar y drws ffrynt ychydig cyn pedwar o'r gloch.

Y Tad O'Casey ei hun atebodd. 'Digwydd bod yn pasio heibio,' meddwn, yn y ffordd fwyaf hamddenol a fedrwn. Eglurais fy nymuniad.

'Bydd yn haws mynd lan lofft,' meddai yntau, a sychu ei wefusau. Roedd briwsion ar frest ei wasgod.

'Blin gen i darfu ar eich . . .' Gan na wyddwn i p'un ai cinio ai te yr oedd newydd ei orffen, ni fedrwn gwblhau'r frawddeg.

I'w stafell wely'r aethom ar gyfer y gyffes. Peth digon arferol oedd hynny, mae'n debyg, o'r hyn a gefais ar ddeall. Dim ond ar y Sul y defnyddid y gyffesgell, pan oedd angen dogni'r amser yn llym a chadw llif y cyffeswyr i symud er mwyn dechrau'r offeren yn brydlon. Rhaid cofio hefyd mai dyn anffurfiol ddiymhongar oedd y Tad O'Casey, dyn a hoffai gwmni enaid cytûn. Dichon na châi lawer o'r cwmni hwnnw yma yn y tiriogaethau cenhadol, gan mai ef oedd yr unig fugail a'i braidd yn fach ac yn wasgaredig. Croesawai bob ymgom, mae'n debyg, hyd yn oed ymgom edifeiriol y gyffes. Doedd dim yn amheus ychwaith ynglŷn â'r ffaith mai ei stafell wely oedd y stafell hon. Un stafell oedd gan yr offeiriad ar Fynydd Carmel: câi'r stafelloedd eraill eu gosod i fyfyrwyr, er mwyn cynyddu'i incwm pitw. Yn y stafell hon y bu'n byw ac yn bod.

Gallwn arogli bacwn. Roedd wedi cael cinio hwyr, felly. Neu de cynnar. Bara wedi'i ffrio hefyd, efallai. Yna gwelais blât gwag ar y bwrdd yn ymyl y ffenest, ynghyd â fforc a chyllell.

'Ble ga i . . . ?'

Doedd dim rhaid i mi benlinio, meddai. Eisteddais ar erchwyn y gwely. Tynnodd yntau gadair bren tuag ataf ac eistedd arni. Cydiodd yn ei stola sidan, taro cusan arni a'i rhoi am ei ysgwyddau. Gwyrodd ei ben a dweud gweddi fach dan ei anadl. Gwyrais fy mhen innau. Roeddwn i'n ddigon agos i weld y patsys o ecsema ar ei dalcen. Ni allwn i ddweud bellach pa un ai'r stafell ynteu'r offeiriad ei hun a wyntai o facwn. Y ddau, o bosib.

Byddai wedi bod yn anodd penlinio yn y stafell honno. Nid oedd yno fainc na hesog bwrpasol. Yn fwy na hynny, yr oedd y llawr cyfan – heblaw am lwybr cul rhwng y drws a'r gwely – dan drwch o boteli gweigion, rhai yn sefyll, ond y rhan fwyaf ar eu gorwedd. O'r hyn y gallwn ei ddirnad, poteli gwin a fodca oedd y rhain yn bennaf. Roedd labeli syml, cain Wodka Wyborowa yn hawdd eu hadnabod. (Anrhegion, dybiwn i, gan Bwyliaid y fro.) Ond roedd hefyd o leiaf ddwy botel o Hirondelle. Gwneuthum fy ngorau i'w hanwybyddu. Edrychai yntau fel petai heb sylwi: o hen arfer, mae'n debyg. Teimlwn, â'm sodlau, ragor o boteli o dan y gwely. Anwybyddwyd y *clinc* bach hefyd.

'Bless me, Father, for I have sinned . . .'

Dwedais fy nghyffes. Dechreuais gyda thrachwant nos Fercher, pan fwyteais saith pwdin siocled yn y ffreutur. Nid fy mod i'n gweld hynny'n bechod mawr: pwdins fy nghyd-fyfyrwyr oedden nhw a phechod mwy o lawer, i'm meddwl i, oedd mynd â'r danteithion hyn yn y lle cyntaf a pheidio â'u bwyta. Ond roedd angen rhyw drosedd fach ddiniwed o'r fath i baratoi'r ffordd. Yna soniais am sut y bûm ychydig bach yn biwis gyda'r fenyw yn y siop fara pan roddodd y newid anghywir i mi. A chwilio am rywbeth arall wedyn, i lyncu'r amser, oherwydd roeddwn i bellach yn dechrau gweld eisiau gwahanfur y gyffesgell, y pren tywyll, y gril bach metel a oedd, gallech chi gredu, yn ddigon i wneud i sibrydion pawb swnio'r un peth. Cyffesu pechodau'r ddynolryw y bydd dyn yn ei wneud yng nghysgod amhersonol y gyffesgell. Dinoethi fy enaid fy hun a wnawn i'r diwrnod hwnnw yn stafell wely'r offeiriad.

Yna, wedi dihysbyddu'r pechodau bach i gyd, symudais at y brif eitem ar yr agenda. Dilynais y fformiwla gydnabyddedig. Cefais yr ymateb arferol.

'Gyda chi eich hun neu gydag eraill?'

Roeddwn wedi paratoi fy ngeiriau'n ofalus.

'Gydag un arall.'

Saib. Tynhaodd y Tad O'Casey ei wefusau. Credaf mai llosg cylla oedd arno. Llyncodd. Arhosodd i'r pwl fynd heibio.

'Gyda merch?'

'Gyda Delyth. Mae Delyth a fi'n caru'n gilydd. Yn bwriadu dyweddïo.'

Symudodd y Tad O'Casey ei draed ryw fymryn. 'Dweud rwyt ti . . .' Pesychodd. Llyncodd. 'Dweud rwyt ti, i ti gael cyfathrach rywiol gyda hi?'

'Ie.' A dweud hynny ychydig yn rhy bendant, gan gymaint y rhyddhad o gael gollwng y baich o'r diwedd. Dwedais yr un gair eto, mewn llais mwy diymhongar. 'Ie.'

Rhoddodd fy nghyffeswr ei law dros ei geg. Roedd y diffyg traul yn amlwg yn peri anesmwythyd iddo.

'Sawl gwaith?'

'Unwaith . . .' Yn rhy bendant eto, a gorfod ailfeddwl. 'Na, dwywaith. Dwywaith ar yr un diwrnod. Un ar ôl y . . .' Teimlais fy mochau'n llosgi.

Symudodd y Tad O'Casey ei draed eto. Ymsythodd a

tharo'i frest â'i ddwrn, yn union fel petai'n dweud *mea culpa* bach. Dechreuodd igian. Y bacwn, meddyliais. Y bacwn oedd wedi rhoi diffyg traul iddo.

'Rwyt ti'n deall bod Duw wedi neilltuo'r weithred hon ar gyfer y rhai a unwyd mewn glân briodas?'

Nodiais fy mhen. 'Ydw, ydw,' meddwn, yn falch o gael symud at y cam nesaf, ond gan geisio swnio'n edifar yr un pryd.

'Ac mai pechod marwol yw . . .' Ig arall. 'Pechod marwol yw cael cyfathrach rywiol y tu allan i briodas? Pechod sy'n lladd yr enaid?'

'Ydw.'

'Bob amser, hefyd. Does dim gwahaniaeth pwy na phryd. Wyt ti'n deall taw pechod . . .'

Trawodd ei frest eto. Edrychodd ar y llawr. Gallwn weld erbyn hyn fod yr ecsema wedi ymestyn i'w aeliau a bod y blew yno yn gymysg â phlu bach o groen sych. Bûm yn meddwl wedyn, petawn i'n tynnu bys ar hyd ei aeliau, tybed a fyddai'r plu hynny'n colli eu gafael a disgyn i'r llawr, yn lluwchfeydd bach gwyn ymhlith y poteli.

'Wyt ti'n deall taw pechod yn erbyn y Teulu Sanctaidd yw hwn?'

'Ydw.'

'A bod y Forwyn Ddifrycheulyd yn gweld dy bechod di yn bechod yn erbyn ei diweirdeb hi ei hun?'

'Ydw.'

'A wyt ti'n wir edifar am yr hyn wnaethost ti?'

'Ydw.'

'Ac a wyt ti'n llwyr ffieiddio'r pechod hwnnw ac yn llwyr ymwrthod ag ef ac yn ymgymryd i wneud popeth a fedri i fyw'n ddiwair o hyn ymlaen ac i beidio â'th roi dy hun ar lwybr temtasiwn?'

'Ydw.'

Cefais gylch cyfan o weddïau'r llaswyr yn benyd a'm siarsio i fyfyrio ar y Forwyn Fair a'i phurdeb difrycheulyd a'r dolur mawr roeddwn i wedi'i achosi iddi. Gollyngdod oedd hynny, am fy mod i wedi disgwyl cerydd llawer llymach am y fath gamwedd. Siarsiodd fi hefyd i wneud llun o'r Forwyn yn fy meddwl bob tro y'm cawn fy hun yn nesáu at ddibyn temtasiwn. A doedd hynny, chwaith, ddim yn peri gofid. Gallwn gau fy llygaid a dychmygu'r ddelw ohoni a safai ar ei silff fach yr ochr chwith i'r harmoniwm. Nid y Fam Forwyn ei hun a welwn felly, wrth gwrs, ond tybiwn fod yr wyneb gwelw, y fantell ddi-siâp, ac oerni diarbed y plaster yn cyfleu'r hyn a oedd gan y Tad O'Casey mewn golwg. Yna dwedodd eiriau'r maddeuant. 'Yn enw'r Tad, a'r Mab a'r Ysbryd Glân . . .' Tynnodd ei stola a'i hongian ar gefn ei gadair.

Cyn i mi fynd, edrychodd trwy'r ffenest a nodio'i ben. 'Glaw ar y ffordd.' Yna, fel petai'n dal i siarad am y tywydd: 'Does dim byd gall yr Eglwys ei wneud, 'ti'n deall?'

'Ydw.'

Sefais yn fy unfan. Safodd yntau wrth y ffenest, yn llygadu'r cymylau, yn igian yn dawel.

'Mae hi'n briod o hyd, yng ngolwg yr Eglwys.'

'Ydy, rwy'n deall.'

'Petai hi heb briodi . . .'

'Ie, rwy'n gwybod.'

'Neu petai modd profi nad oedd hi wedi . . . nad oedd y briodas wedi cael ei . . .'

69

Tawodd. Tewais innau. Doedd gen i ddim byd i'w gynnig. Euthum at y drws.

'Diolch am . . .'

Trodd y Tad O'Casey ac edrych yn ymbilgar arna i. 'Sdim rhaid i ti . . . Beth rwy'n 'feddwl yw, mae croeso i ti ddod 'nôl bob amser i chwarae'r organ. 'Ti'n deall? Mae pawb yn gwerthfawrogi . . . Sdim angen i ti, t'mod, jyst achos . . .'

Ni ddychwelais i'r eglwys i chwarae'r harmoniwm. Ni fyfyriais ar ddiweirdeb y Forwyn Fair. Cefnais ar Dduw'r gyffesgell a'r poteli gweigion ac arddel, yn Ei le, grefydd y llais bach oddi mewn. Roedd hwnnw, at ei gilydd, yn haws ei ddeall ac yn llai mympwyol.

Ymhen chwe mis, ychydig yn groes i'r graen, gwisgodd mam Delyth ei het sgleiniog a'i *twin-set* a chwarae'r organ yn ein priodas yn y capel rhyddfrydig ar gyrion y dre. Canodd utgyrn Seion.

LLEW ARTHUR OWEN JONES

Pan ddaeth o i 'mywyd i, roedd yn teimlo fel taswn i wedi ei nabod o erioed. Mi wnes i ddisgyn dros 'y mhen a 'nghlustia mewn cariad o'r eiliad gynta un. Do'n i erioed wedi teimlo cariad fel hwn o'r blaen. Mi oedd o'n gariad oedd yn gwneud i 'nhu mewn i ddawnsio a 'nghalon i guro mor galed fel ei bod hi'n gwasgu ar fy ysgyfaint i. Mi gipiodd o 'ngwynt i yn llythrennol. Ac o'r eiliad gynta honno, ro'n i'n gwbod mai fo fyddai'r un i mi am byth.

Llew 'di enw'r Romeo, gyda llaw. Llew Arthur Owen Jones i roi ei enw'n llawn. Does ganddo fo ddim llawer o ddannedd, cradur, ac mae ei fanyrs yn echrydus. Ond mae o'n gwneud i mi chwerthin bob dydd, ac mae hynny yn dileu pob pechod.

'Dan ni'n rhannu diddordeb

mewn cerddoriaeth, ymysg pethau eraill. Canu ydi ei betha fo. Mae o'n fy serenadio i bob awr o'r dydd, er nad oes ganddo lawer o diwn. 'Bonheddwr Mawr o'r Bala' ydi'r ffefryn ganddo ar hyn o bryd. Nadi, dydi hi ddim yn gân ramantus gonfensiynol, ond does 'na ddim am fy Llew i yn gonfensiynol. Mae o'n rhedag ar ôl cathod diarth ar y stryd yn trio'u mwytho nhw. Mae o'n gafael mewn pobol 'dan ni ddim yn eu nabod wrth fynd rownd Lidl. Mae o'n gweiddi 'meee!' bob tro y gwelith o ddafad. Ac mae o'n pi-pi yn y bath.

Mae cariad mam at blentyn yn gariad unigryw. Ydw, mi ydw i'n caru'r bobol eraill yn 'y mywyd i – Mam a Dad, brawd a chwaer, ffrindia, a'r gŵr druan, wrth gwrs! Ond mae'r cariad sydd gen i at Llew yn deimlad hollol wahanol. Mae o'n gariad anhunanol. Mae o'n gariad sy'n brifo bron. Mi fyswn i'n gwneud unrhyw beth ar wyneb daear i'w gadw o'n saff. A tasa'r gallu gynna i, mi gymerwn i bob poen a phob tristwch sydd i ddod i'w ran o.

Ac, o, mae rhywun yn poeni amdanyn nhw, a hynny bob eiliad o'r dydd! Ac mae'n ymddangos nad ydi'r teimlad hwnnw'n diflannu tra byddwch chi byw. 'Mi fyddi di'n gwbod sud beth ydi o os gei di blant dy hun ryw ddiwrnod' oedd hoff frawddeg Mam pan fyddwn i'n ymlwybro adra am dri o'r gloch ar fore Sul. Tydi Mam yn iawn bob tro!

Mae'r cyfrifoldeb yn fy mhoeni i weithiau. Pethau ymarferol oedd ar feddwl rhywun pan oedd o'n newydd-anedig. Tydyn nhw'n hollol ddiymadferth ac yn dibynnu'n hollol arnoch chi i'w cadw'n fyw. Ydi o 'di cael digon o lefrith? Ydi o angan blancad arall drosto? Pa liw 'di'i bŵ o? A choeliwch chi fi, doedd gen i ddim clem be ro'n i'n ei wneud ar y dechrau! Doedd gen i fawr o brofiad hefo babis. Doeddwn i'n dda i ddim hefo plant pobol eraill a dweud y gwir wrthach chi. Ro'n i'n awcward bob tro, ddim yn siŵr be i'w wneud nac i'w ddweud wrthyn nhw, ac yn teimlo'n ymwybodol o bobol eraill yn sbio arna i.

Roedd gen i ofn am fy mywyd pan adawodd y gŵr ni'n dau ar y ward y noson gynta honno. Be ro'n i i fod i'w wneud rŵan?! Mi ddaeth y prawf cynta yn fuan iawn, a hwnnw'n ddu, gludiog a drewllyd. Doeddwn i 'rioed wedi newid clwt o'r blaen. Ond mi ddaethon ni drwyddi hi, ac mi o'n i'n teimlo'n reit falch ohona i'n hun. Tan i'r doctor ddod aton ni'r diwrnod canlynol i'w archwilio a methu'n lân ag agor ei glwt. 'I haven't seen one of these before,' meddai hi, gan fynd i balfalu i gefn y clwt i'w agor. Toeddwn i wedi bod yn eu rhoi nhw arno fo'r ffordd anghywir drwy'r dydd!

Cyfrifoldeb arall sydd yn fy mhoeni i rŵan. Mae o'n flwydd a hanner erbyn hyn ac yn dysgu rhywbeth newydd bob dydd. Rydw i adra ar fy mhen fy hun hefo fo yn ystod y dydd, ac mi ydw i'n ymwybodol iawn o'r ffaith fod y ffordd rydw i'n ei fagu o yn mynd i ddylanwadu arno fo am weddill ei oes. Bydd, mi fydd o'n dysgu llawer yn yr ysgol, ond fi sydd yn gyfrifol am ei roi ar y llwybr iawn. Fi sydd yn dysgu'r pethau cynta yna fel lliwiau a rhifau. A fi hefyd sydd yn dysgu iddo be sydd yn iawn a be sydd ddim, sut i drin pobol eraill, sut i fod yn gwrtais a dymunol. Ac mae o'n goblyn o gyfrifoldeb.

Mae o'n berson bach â'i gymeriad ei hun erbyn hyn, ac os na chasgloch chi bellach, mae o'n dipyn o gês! Wn i fod pob rhiant yn meddwl fod eu plentyn yn arbennig, ond mae clyfrwch Llew yn fy synnu i bob dydd. Yn wir, mae Taid Tyddyn Ucha (fy nhad i) yn gwbl bendant ei fod o'n 'genius'!

Un sâl ydi o wedi bod erioed am chwarae. Anamal iawn y galla i ei roi ar lawr am bum munud i ddiddanu ei hun. Mae o angen cael ei stimiwleiddio yn barhaus, sydd yn beth da o ran datblygiad am wn i, ond yn andros o flinedig. Yr unig adeg y gwelwch chi o yn llonydd a distaw ydi pan mae ganddo lyfr yn ei law. Os nad ydi o'n cael ei annog, dydi teganau ddim yn cynhyrfu llawer arno. Ond os rhowch chi lyfr yn ei law, mi eisteddith yno am rai munudau yn astudio a throi'r tudalennau'n ofalus – cyn y daw o ag o atoch chi i gael stori . . . eto . . . ac eto . . . ac eto.

Ond wnaiff pob llyfr ddim o'r tro, cofiwch! Mae ganddo ei ffefrynnau. Ac o'r rhain mae wedi dysgu pob math o bethau. Mae'n cyfri o un i ddeg ar ei ben ei hun erbyn hyn, ac yn dechrau adnabod rhifau o'u gweld. Mae ei wybodaeth am fyd natur yn anhygoel. Mi all enwi pob math o anifeiliaid, er nad ydi'r ynganiad yn glir iawn eto, o gŵn a chathod a gwartheg i hipos, fflamingos a hyd yn oed racŵns! Mae yna bosibilrwydd cryf (os na fydd yn ysgolhaig!) y bydd o'n gweithio mewn sŵ ryw ddiwrnod!

Un peth dwi wedi'i ddysgu ers dod yn fam ydi peidio disgwyl i bethau fod yn berffaith. Mae yna rywbeth yn codi byth a beunydd i ddifetha'ch cynlluniau chi. A dwi wedi sylweddoli mai'r ffordd orau i ddelio hefo nhw ydi mynd hefo'r lli, a thrio peidio cynhyrfu gormod! Tra o'n i'n disgwyl, mi o'n i'n benderfynol 'mod i am gael *water birth* yn y pwll newydd yn Ysbyty Gwynedd. Mae o wedi dod yn rhywbeth poblogaidd iawn yn ddiweddar, ac mi o'n i'n licio'r syniad o gael genedigaeth mor naturiol â phosib heb unrhyw beth i ladd y boen. Ond yrrodd neb mo'r memo hwnnw at Llew yn anffodus! Ddau ddiwrnod ar ôl y cynyrfiadau cynta, mi gyrhaeddodd o'r diwedd, finna hefo drip indiwsio yn fy mraich a monitor am fy nghanol, wedi bod yn sownd yn y gwely ers wyth awr. Dydw i ddim yn cwyno o gwbl, cofiwch – mae 'na lawer o ferchaid wedi'i chael hi'n llawer gwaeth na fi. Ond mi o'n i'n andros o siomedig ar y pryd.

Ddudodd Gavin, y gŵr, ddim wrtha i am hyn yn ystod y digwyddiad. Yn wir, roedd o'n rhyfeddol o ddigynnwrf a chadarnhaol. Ond ar ôl i Llew ddod, mi gyfaddefodd wrtha i pa mor bryderus roedd o wedi bod mewn gwirionedd. Doeddwn *i* ddim yn ymwybodol iawn o'r peth, ond wrth i bethau fynd yn eu blaen, mi ddaeth yn amlwg fod curiad calon y babi yn arafu am ychydig eiliadau gyda phob *contraction*. Yn wir, mi ddaeth 'na ddoctor aton ni tuag at y diwedd i'n rhybuddio ella y byddai raid iddyn nhw ei ruthro o'r ystafell ar ôl iddo fo ddod. Ond diolch i'r nefoedd, roedd o'n iach fel cneuen, ac mi gafodd ei eni am un munud i hanner nos ar y 14eg o Awst yn pwyso 8 pwys, 11 owns a hanner.

Rydan ni wedi ymweld â'r ysbyty ddwywaith ers hynny – y tro cynta pan chwyddodd ei lygad dde fel Quasimodo o ganlyniad i ryw fath o ymateb alergaidd. Mae'r un peth wedi digwydd ryw ddwy neu dair o weithiau wedyn, ond does gynnon ni ddim clem byth beth sydd yn ei achosi. Yr eildro oedd noswyl Nadolig 2014. Roedd o wedi bod yn tagu'n ddrwg ers ychydig ddiwrnodiau, ac yn ei wely'r noson honno roedd ei anadlu yn drwm ac annaturiol iawn, ac mi ddechreuodd daflyd i fyny. Ar ôl disgwyl am hanner awr ar y ffôn am gyngor gan yr *out of hours*, mi benderfynon ni ffonio am ambiwlans. Roeddwn i wedi hanner gobeithio y bydden nhw wedi ei archwilio adra, ond mi benderfynwyd yn syth y bydden nhw'n mynd â ni i'r ysbyty rhag ofn. Ar ôl bod yn yr A&E tan dri o'r gloch y bore ac iddyn nhw benderfynu mai dim ond firws oedd ganddo, ro'n i'n difaru gwneud cymaint o ffŷs. Ac i goroni'r cwbl, doedd yna ddim digon o betrol yn y car i fynd â ni adra, felly mi oedd rhaid ffonio Nain a Taid i ddod i'n hachub ni ychydig oriau cyn bore Nadolig! Ac felly, ar ôl yr holl baratoi a'r edrych ymlaen, roedd y diwrnod mawr wedi'i ddifetha. Roedd Llew druan wedi ymlâdd, yn dal i dagu, ac yn flin drwy'r dydd.

Ond mi sylwais i ar un peth yn yr ysbyty roddodd bopeth mewn persbectif i mi. Wrth i ni adael ward y plant, mi sylwais i ar ystafell yn llawn anrhegion yn barod ar gyfer y plant yn y bore. Mae'r syniad o blentyn yn gorfod treulio diwrnod Nadolig yn yr ysbyty yn torri 'nghalon i. Mae gynnon ni gymaint i fod yn ddiolchgar amdano fo, ac mae Llew yn fy atgoffa i o hynny bob dydd.

A meddwl am olygfeydd fel hon ydw i yn amal pan dwi'n cael fy neffro am ddau o'r gloch y bore, neu'n canu 'Heno, heno, hen blant bach' am y degfed tro a 'mhen yn pwyso ar y cot ganol nos. Dydi Llew erioed wedi cysgu drwy'r nos. Ar un cyfnod, mi fyddai'n deffro tua thri o'r gloch y bore ac yn gwrthod yn lân â mynd yn ôl i gysgu. Mi roddon ni ei got yn sownd yn ein gwely ni wedyn gan obeithio y byddai 'nghael i yn ei ymyl yn gysur iddo, ond mi oedd yn deffro o hyd. Cysgu yn ein gwely ni oedd y cam nesaf, ac er ei fod

76

o'n cysgu'n well, roedd y ddau ohonon ni yn anghyfforddus a Llew yn freichiau a choesau i gyd.

Mae yn ei lofft ei hun erbyn hyn, ac er ei fod yn deffro bob hyn a hyn, mi arhosith yn ei got tan tua phump, sydd yn wych o gymharu â sut roedd pethau. Mae clywed am y plant 'perffaith' 'ma sydd wedi bod yn cysgu o saith tan saith ers pan oeddan nhw'n dri mis oed yn fy nigalonni weithiau. Ond ar adegau eraill, bron 'mod i'n pitïo'r rhieni hynny. Yn ddistaw bach, dwi'n meddwl fod yna rywbeth hyfryd am gael hel mwytha fel yma hefo nhw. Pan dwi'n gofyn iddo fo yn ystod y dydd, 'Ydi Llew yn caru Mam?', mi ddeith ata i a gafael am fy nghoesau yn gariadus. Mi ddaw 'na gyfnod, mae'n siŵr, pan fydd Llew yn rhy 'cŵl' i gael mwytha gan ei fam! Felly, am rŵan, dwi'n mynd i fwynhau pob eiliad o'r cyfnod yma a'i drysori.

Llew Arthur Owen Jones. Dyma fy nghariad cynta.

IOAN KIDD

BODLONI'R ENAID CRWYDROL

Fe'm magwyd ar aelwyd ddi-gar a di-ffôn yn un o gymoedd Gorllewin Morgannwg. Roedd Cwmafan yr 1960au yn baradwys i unrhyw fachgen busneslyd a llawn bywyd am fod y pentref cyfan yn un maes chwarae mawr. Lle diogel oedd e, heb fod yn ormesol o ddiogel, ond doedd gwynt perygl na chyffro temtasiwn byth yn bell: arena ddelfrydol i hogi greddf ac i baratoi plentyn ar gyfer y byd mawr tu fas.

Er bod y byd hwnnw'n galw er pan oeddwn yn ifanc iawn, mater arall oedd ei gyrraedd. Doedd bod heb gar, hyd yn oed ar adeg pan nad oedd mwy na rhyw hanner dwsin ohonynt yn y pentref i gyd a'r rheini yn nwylo'r crachach gan mwyaf, ddim yn ei gwneud hi'n hawdd i grwt fel fi a'i

fryd ar fod yn anturiwr. Y bws i 'Brafan neu'r trên i Gastell-
nedd yng nghwmni Mam neu Mam-gu oedd yr unig ddewis
felly, ond, och a gwae, buan y collwyd yr ail bosibilrwydd
hwnnw. Cofiaf hyd y dydd heddiw fy siom wirioneddol o
sylweddoli, a minnau'n wythmlwydd oed ar y pryd, fod
allanfa arall wedi'i chipio oddi arnaf diolch i benderfyniad
cibddall yr anfarwol Dr Beeching. Anfadwaith hwnnw a
arweiniodd at godi cledrau'r rheilffordd a basiai'n union y
tu ôl i'n tŷ ni.

Dysgais ystyr 'rhwystredigaeth' yn gynnar felly. Er
hynny, does dim yn well na rhwystredigaeth i ddwysáu'r
chwant i oresgyn yr amhosib, i gyrraedd man gwyn man
draw, a bu'r awydd i deithio ac i weld y byd yn ffrwtian ynof
drwy gydol fy arddegau. Does ryfedd imi ddod i ddibynnu
ar fy neudroed a'm bawd yn fuan iawn. Cerdded y ddwy
filltir o'r pentref i'r dref a dwy filltir arall i gyrraedd man
cyfleus wrth ochr yr A48 ar gyrion y clwstwr olaf o dai, a
disgwyl. Weithiau, disgwyliwn fy nhro y tu ôl i un neu ddau
o ffawdheglwyr eraill am amser maith a thrwy gydol yr
aros gweddïwn na fyddai cymydog, athro na neb cyfarwydd
arall a allai gario clecs at fy rhieni yn gyrru heibio neu, yn
waeth byth, yn stopio! Tybiwn nad oedd gan fy rhieni ddim
clem am ymddygiad anystywallt eu mab. Flynyddoedd yn
ddiweddarach, a minnau'n conan wrth Mam am ryw
gamwedd digon diniwed gan fy mhlant fy hun ryw
ddiwrnod, ces i lond pen ganddi a'm hatgoffa bod fy
ymddygiad innau wedi bod yn waeth o lawer a bod yr holl
'galifanto danjerus 'eb isha' wedi achosi eithaf gofid iddi!
Wyddwn i ddim ei bod hi'n gwybod. Ond gwlad arall oedd
Cymru bryd hynny . . . byd arall. Cofiaf yn iawn y diwrnod

y penderfynais na fyddwn yn stopio yn y car byth eto i godi bodiwr wrth ochr yr hewl: diwrnod geni fy mhlentyn cyntaf oedd hwnnw.

Anghyflawn ac anorffenedig oedd yr M4 pan oeddwn yn fy arddegau ond, gyda'r A48 yn llenwi'r bylchau, cynrychiolai rwydd hynt i fentro ymhellach na'r cwm: Abertawe, Caerfyrddin neu hyd yn oed Hwlffordd tua'r gorllewin a Chaerdydd i'r cyfeiriad arall. A'r cyfan am ddim! Roeddwn yn un ar bymtheg oed cyn imi fynd i Gaerdydd am y tro cyntaf, er nad oedd cymaint â deugain milltir rhwng fy mhentref a'r brifddinas. Abertawe oedd ein dinas ni, bobl Gorllewin Morgannwg. A'r ymweliad cyntaf hwnnw â Chaerdydd oedd yr unig dro erioed imi brofi unrhyw berygl wrth fodio. O'r eiliad y camais i mewn i gar y dieithryn ymddangosiadol hynaws a chau'r drws, sylweddolais nad Samariad trugarog mo'r dyn wrth y llyw. Cyneddfau mwy cyntefig, anian gorfforol a sgwrs amhriodol oedd yn gyrru hwn. Llwyddais i fwstro pob gronyn o reddf a feddwn i ymdopi â'r sefyllfa gyfyng a chyrhaeddais y brifddinas yn gymharol ddianaf, ond y siwrnai honno oedd un o'r rhai hiraf a mwyaf anghysurus imi ei phrofi erioed. Beth amser wedyn, sylweddolais taw gwleidydd nid anenwog oedd fy mhlagiwr y diwrnod hwnnw. Mae e wedi hen ddarfod o'r tir bellach ond mae'r wers a ddysgais yn ysgol brofiad wedi aros gyda fi.

Mae'n ddigon posib taw twpdra neu elfen anghyfrifol, gynhenid ynof oedd wrth wraidd fy mhenderfyniad i ddal ati i deithio priffyrdd y wlad am ddim. Hoffwn feddwl taw awydd i fwydo angen oedd e. Un flwyddyn, a minnau bellach yn fyfyriwr yn Llambed, cytunais yn anfoddog i dalu'r swm aruthrol o £16 am docyn dwyffordd i Baris. Hedfan i faes awyr Orly, oddi yno wedyn ar y trên i Lydaw a buan y diflannodd *centimes* prin fy nghyfaill a minnau. Doedd dim amdani felly ond defnyddio'r fawd unwaith eto os oedden ni am weld bro ein cefndryd Celtaidd. Arweiniodd un siwrnai at sesiwn reit feddw gyda'r gyrrwr mewn bar ym mherfeddion Llydaw Lydaweg, a dychmygwch ein syndod o glywed llais Dafydd Iwan yn bloeddio dros y lle o grombil y jiwcbocs! Wrth inni ddychwelyd i Baris ar y trên ar ddiwedd ein gwyliau, doedd dim clincen yn y coffrau a bu'n rhaid ildio i drugaredd rhyw Ffrances feichiog a eisteddai gyferbyn â ni a derbyn ei chynnig i'n bwydo â bisgedi blas ceirios, ond stori arall yw honno!

Nid dyna oedd y tro cyntaf imi fentro dramor chwaith; roeddwn eisoes wedi profi'r wefr o fynd i Sweden, yr Undeb Sofietaidd a Denmarc ar fordaith 'addysgol' yn ystod fy arddegau cynnar, ac i Lwcsembwrg, Gwlad Belg a'r Iseldiroedd yn fuan ar ôl gadael yr ysgol. Roedd y rhestr yn dechrau tyfu. Eto i gyd, y trip i Baris a Llydaw oedd y tro cyntaf imi fod yn berchen ar basbort 'go iawn'. Tan hynny, naill ai un torfol neu un yn para blwyddyn fu gennyf, ond roedd rhywbeth aeddfed, urddasol ynghylch pasbort llawn: un clawr caled, glas tywyll a thudalen ar ôl tudalen wyryfol yn aros i gael eu llenwi â stampiau gwledydd ecsotig. I unrhyw grwydryn gwerth ei halen, mae meddu ar basbort yr un mor bwysig â sicrhau'r modd os yw e am adael yr Ynys.

Wedi dweud hynny oll, rhyw berthynas ddigon cymhleth – surfelys hyd yn oed – fu gen i â 'mhasbort erioed. Mae fy niolch iddo'n fawr achos, hebddo, awn i ddim yn bell ond, ar yr un pryd, gall fy agwedd tuag ato bendilio o'r llugoer i ddirmyg llwyr. Er gwaethaf brolio gwleidyddion Llundeinig o Gymru dro yn ôl y byddai'r Gymraeg yn amlwg ar drwyddedau teithio o hynny ymlaen, pasbort gwladwriaeth Saesneg ei hiaith sydd gan bob Cymro a Chymraes. Mae eisiau chwyddwydr i weld yr ychydig eiriau Cymraeg sydd arno a chaiff llawer mwy o sylw ei roi i'r Ffrangeg. Serch y drwgdeimlad a'r gystadleuaeth oesol sydd rhyngddynt, mae'r wladwriaeth Brydeinig yn fwy na pharod i dderbyn iaith swyddogol Ffrainc yn gywely i ddibenion mawredd rhyngwladol: dwy iaith ymerodrol, bwysig yn cynrychioli dau rym a arferai reoli bron i hanner y byd. Os mêts, mêts ac i'r diawl â'r Cymry! Mae fy mhasbort yn hanfodol er mwyn imi deithio i bedwar ban ond mae'n fy nghlymu wrth Brydeindod nad ydw i eisiau bod yn rhan ohono. Does dim cyfeiriad at fy ngwlad fy hun rhwng ei gloriau ac mae hynny'n niweidiol i'm hunanddelwedd. Gwyn eu byd y Gwyddelod a'r Slofeniaid i enwi dim ond rhai. A dyma'r hen rwystredigaeth yn codi'i phen unwaith yn rhagor.

Eto i gyd, o'i chymharu â'r sefyllfa ers talwm pan arferwn daranu trwy Ewrop ar yr InterRail, gan fwynhau'r wefr bur o groesi o'r naill wlad i'r llall ac ymhyfrydu yn y ddefod ddigellwair o ildio 'mhasbort er mwyn i ryw swyddog tollau surbwch ei stampio, prin bod angen pasbort o gwbl ar y Cyfandir bellach. Mae Ewrop gyfan, ac eithrio gwledydd Prydain ac Iwerddon ynghyd â llond dwrn o gyn-aelodau o'r hen Iwgoslafia, yn perthyn i ardal Cytundeb Schengen. Ar un olwg, mae wedi diddymu'r wefr ond mae wedi gwneud bywyd gymaint yn haws hefyd, gan ddibynnu ar eich safbwynt. Fe ddaeth i rym yn 1995 ond roedd yr arwyddion bod newid ar droed i'w gweld mor bell yn ôl â chanol yr 1980au.

Yn ystod y degawd hwnnw y dechreuais galifanto o ddifrif, ond cael a chael fu hi. Oni bai am y penderfyniad ysbrydoledig – heb sôn am ddewr o gofio fy sgiliau ymarferol – i brynu pabell, dim ond yn fy nychymyg a thrwy bori mewn teithlyfrau y byddwn i wedi crwydro gweddill Ewrop am beth amser i ddod. Roeddwn yn dad i ddau o blant bach erbyn hyn ac roedd fy ngwraig wedi rhoi'r gorau i'w swydd er mwyn gofalu amdanynt. Ein penderfyniad ni ein dau oedd hwnnw ond golygai newid mawr yn ein hamgylchiadau. Gyda bron y cyfan o'r unig gyflog yn mynd bellach i dalu am anghenion teulu ifanc a morgais bythol farus, breuddwyd gwrach oedd unrhyw ddyhead am wyliau tramor. Wrth i 'nghyd-weithwyr dibriod neu ddi-blant hedfan bant i wledydd pellennig, byddai'r rhwystredigaeth gyfarwydd yn dangos ei dannedd drachefn. Yna un flwyddyn, a ninnau wedi treulio'r wythnos wlypaf a mwyaf stormus ers y Dilyw mewn carafán yn Abergwaun, gan lwyddo o drwch deilen i osgoi'r goeden a fu bron â syrthio ar ben ein cartref dros dro, penderfynwyd taw digon oedd digon. Prynwyd pabell lusg – Raclet Quickstop – a'r flwyddyn ddilynol, llusgais y teulu bach ar y gyntaf o sawl antur liwgar ar dir mawr Ewrop.

Dros y deng mlynedd nesaf, doedd dim pall ar ein crwydro: Sir Benfro a Bro Gŵyr i ddechrau cyn magu hyder a mentro i bob cornel o Ffrainc. Pwy yn ein teulu ni allai anghofio ein siwrnai ddiddiwedd i Andorra oedd i fod yn wibdaith prynhawn o'n gwersyll yn Montpellier ond a barodd ddeuddydd? Teithiau *autobahn* yn yr Almaen, marathonau mynyddig dros yr Alpau i'r Swistir ac ymlaen i ymgiprys â gyrwyr gwallgof yr Eidal.

Fe wnaethon ni'r cwbl a'r Raclet ffyddlon yn ein dilyn i bobman, ond y profiad mwyaf cofiadwy, ac un sy'n destun siarad ar ein haelwyd hyd y dydd heddiw, oedd y diwrnod y daeth ein car i stop ar ben y Pyreneau, bum can metr ar ôl croesi'r ffin o Ffrainc i Sbaen. Doedd dim diferyn o betrol ar ôl yn y tanc a dim golwg o garej yn unman. A pha syndod? Roedden ni ar ben y Pyreneau! Ble roedd y dref y gwelais ei henw'n blaen ar yr atlas y bore hwnnw cyn codi pac a mynd am y ffin ar hyd y ffordd fynyddig – 'y ffordd bert'? Mae fy ngwraig wedi fy atgoffa sawl gwaith taw fi a dim ond fi oedd wedi tybio y byddai 'na dref yn y fan honno. O fewn eiliadau, dyma griw o filwyr yn amgylchynu'r car, drylliau yn eu dwylo, a'u gwep mor hir a difynegiant â'r ffordd wag oedd o'n blaenau. Roedden ni wedi dod i stop mewn man gwaharddedig o flaen canolfan filwrol! Doedd dim amdani ond llyncu balchder a gofyn am gymorth ac, yn wir, cymorth a ddaeth, diolch yn bennaf i'r ffaith bod ein cymdeithion newydd wedi teimlo trueni dros y ddau blentyn anffodus a deithiai yn yr un car â'r ffŵl oedd yn ei yrru. Gyrrodd un o'r milwyr yn ei gar ei hun yr holl ffordd i lawr y ffordd serth, droellog i'r pentref yng ngwaelod y cwm a dychwelyd, dri chwarter awr yn ddiweddarach, â digon o betrol inni fwrw ymlaen â'n siwrnai. Y fath gywilydd!

Dros y blynyddoedd, rwyf wedi ymweld â'r rhan fwyaf o wledydd Ewrop, un ai ar fy liwt fy hun (ac yn aml ar fy mhen fy hun) neu diolch i anghenion fy ngwaith. Does dim yn well gan anturiwr na chael ei hala dramor ar bwrs y cwmni neu'r wlad! Er bod y gwaith wastad yn galed, mae modd gwasgu awr neu ddwy allan o'r amserlen brysur i grwydro a bancio rhagor o atgofion. Un tro, fe'm hanfonwyd i ail ddinas Rwsia bell i lunio deunydd hyrwyddo ar gyfer ffilm Gymraeg oedd yn cael ei saethu ar leoliad yno. Mis Mehefin oedd hi a'r Nosweithiau Gwynion rhyfeddol ar eu hanterth; bryd hynny mae hi bron yn amhosib gwahaniaethu rhwng dydd a nos am ei bod mor olau am dri o'r gloch y bore. Roeddwn i'n llysieuwr yr adeg honno a'r *unig* fwyd y llwyddais i'w fwyta am dridiau cyfan oedd pizza Margherita. Ar ôl cyrraedd adref, fedrwn i ddim edrych ar pizza Margherita am flwyddyn gron!

Bûm mewn sawl cynhadledd o Rufain i Helsinki yn cynrychioli *Ffeil*, y rhaglen newyddion i blant y bûm yn olygydd arni pan arferwn weithio i BBC Cymru, gan ddysgu ein cyd-Ewropeaid am y wlad fach rhwng Iwerddon a Lloegr. Clywid 'Yo no soy inglés – ¡soy galés!' fwy nag unwaith. Ces i'r fraint o fynd i Hong Kong i ffilmio rhaglen arbennig ar adeg dyngedfennol yn ei hanes, fis cyn i sofraniaeth y drefedigaeth gael ei throsglwyddo'n ôl i Tsieina yn 1997. Ac ychydig cyn gadael y BBC, dilynais griw o ddadleuwyr ifanc o Gymru i Dde Affrica lle roedden nhw'n cystadlu â'r goreuon yn y byd. Fe gofiaf tra byddaf y profiad dyrchafol o ffilmio yn strydoedd llychlyd Soweto a'r profiad brawychus o orfod aros mewn car yng nghanol Johannesburg fygythiol gan ddisgwyl i 'nghyd-weithwraig a'r dyn camera lleol ddychwelyd ataf ar ôl picio i ffilmio ddwy stryd i ffwrdd. Fi gafodd y dasg o warchod y car a'r offer! 'If anyone knocks on the car window whilst we're gone, don't resist, just give him this,' meddai'r boi camera a hwpo waled denau yn cynnwys gwerth pumpunt yn arian y wlad honno yn fy llaw. 'Otherwise, he'll quite possibly shoot you!'

O blith fy holl anturiaethau, heb os nac oni bai, fy ymweliad â De America yn 2010 yw penllanw fy ngalifanto . . . hyd yma. Mynd wnes i er mwyn gloywi fy Sbaeneg a gwneud ymchwil ar gyfer fy nofel nesaf ar y pryd, sef *Un o Ble Wyt Ti?* Ond hanner awr ar ôl glanio ym maes awyr prysur Ezeiza yn Buenos Aires, dechreuais gwestiynu pam y byddai dyn hanner cant a phum mlwydd oed eisiau dod mor bell ar ei ben ei hun. Tyfodd fy amheuon yn ystod yr wythnos gyntaf ond, ymhen pythefnos arall, fe gliciodd rhywbeth yn fy mhen a dechreuais siarad Sbaeneg (o ryw fath) heb orfod meddwl gormod. Roedd fy nghynllun gwallgof yn dwyn ffrwyth. Treuliais bron i ddeufis yn y brifddinas anferth, gan gerdded cannoedd o filltiroedd – y ffordd orau o weld unrhyw le. Yn y boreau, byddwn yn mynd i'r ysgol iaith yn y Microcentro cyn mynd i wirfoddoli bob prynhawn naill ai mewn canolfan i blant y stryd neu mewn canolfan i hen bobl, gan roi'r iaith ar waith a chwrdd â phobl ryfeddol.

Erbyn diwedd fy nhri mis yn Ne America, roeddwn wedi croesi afon Plata i Uruguay, hedfan i Drelew a chrwydro'n anhysbys ar sawl bws drwy drefi'r Wladfa, gan binsio fy hun bob pum munud wrth sylweddoli fy lwc dda. Roeddwn wedi teithio ar y bws drwy'r Paith diderfyn, weithiau am gymaint â chwe awr ar hugain ar y tro, cerdded ar rewlif y

Perito Moreno a chroesi'r Andes i Chile a chael fy nghip cyntaf erioed ar y Môr Tawel ym mhorthladd Valparaíso. A oes gwell i'w gael i rywun sydd â chrwydro yn ei waed? Wedi'r rhwystredigaethau cynnar, dyma benrhyddid a phleser pur. Ymlaen i'r antur nesaf!

'ALWAYS SOMETHING THERE TO REMIND ME'

Gyda chaniatâd y golygydd tydw i ddim yn mynd i sôn am fy nghariad cyntaf, ond yn hytrach am fy nghariadon cyntaf.

Ydyn, maen nhw'n lluosog. Ac nid merched ydyn nhw i gyd, chwaith. Yn wir, mae iau oen, efo stwnsh tatws a rwdan yn nofio fel ynys baradwysaidd mewn môr o grefi nionod, yn un ohonyn nhw. Dyma fy nghariad gastronomaidd cyntaf o ddyddiau fy mhlentyndod, a Nain fyddai'n paratoi'r pryd ar ddydd Sadwrn pan fyddwn i'n galw i'w gweld hi a fy nhaid yn eu cartref ym Monfa, Llangefni ar ôl bod yn chwarae comandos drwy'r bore yn y Dingle, a jyst â llwgu. Taenu blawd yn ysgafn dros yr iau oen, a hwnnw wedi cael ei sleisio'n denau, oedd y weithred gyntaf. Yna ei ffrio a'i dynnu allan o'r badell a'i roi ar blât *willow pattern* glas ar hen fwrdd derw wrth ochr yr hen stof nwy. Gwneud y grefi nionod a rhoi'r iau oen yn ôl yn y badell ffrio efo'r grefi i goginio. Berwi'r rwdan a'r tatws gyda'i gilydd ac ar ôl eu stwnshio gyda'i gilydd yn y sosban, byddai Nain yn gweini'r cyfan ar y plât *willow pattern*. Mynydd o stwnsh yn y canol, darnau o iau oen ar y llethrau a'r grefi tywyll fel rhewlif brown yn llifo i lawr i'r gwaelodion. Dwi'n glafoerio wrth ddarllen y disgrifiad, yn ysu i roi llond fforc o iau oen a grefi yn fy ngheg unwaith eto, a blasu tynerwch y gymysgedd anghymharol.

Un arall o'm cariadon cyntaf oedd y gynghanedd. Cefais fy nghyflwyno iddi hi gan Stephen Edwards, fy athro yn *Standard Four* yn Ysgol British. Cyn gadael yr 'ysgol fach' am yr 'ysgol fawr', sef Ysgol Uwchradd Llangefni, fe ysgrifennodd yr athro englyn o'i waith ei hun yn fy llyfr llofnodion. Englyn i'r Gwanwyn oedd o, ac mae o wedi aros ar fy nghof byth ers y bore hwnnw y darllenais o am y tro cyntaf yn naw oed:

> Swyn hudol, sain ehedydd – a glywn
> Yn glir ar foreddydd
> Daear fad, yn deor fydd
> A llwyni'n dai llawenydd.

Syrthiais mewn cariad efo'r ehedydd hudol a'r llawenydd yn y llwyni, a gyda siâp a ffurf yr englyn hefyd. Dyma Suzi Quatro y canu caeth. 'Dio'n fawr o beth – ond ew, mae o'n gallu creu argraff. Sut ar y ddaear roedd hi'n bosib creu rhywbeth mor gain, mor gywrain gan ddefnyddio pedwar gair ar bymtheg yn unig? Fe geisiais gyfansoddi englyn fwy nag unwaith yn yr ysgol ac ar ôl hynny, ond methais yn ddi-ffael. Bob tro y credwn fy mod wedi llwyddo i gyfansoddi rhyw linell neu ddwy, awn â nhw at gyfaill i mi sy'n brifardd gonest ei farn. Yr un fyddai ei sylw bob tro, ar ôl darllen y llinellau. Edrychai arnyn nhw'n fanwl, cyn troi ac edrych arna i'n dosturiol ac ailadrodd y geiriau yr oeddwn wedi eu clywed droeon ganddo: 'Diawl – o't ti'n agos tro 'na, boi.'

Gan fy mod i'n sôn am gariadon cyntaf ac englynion, mae'n rhaid i mi rannu fy hoff englyn serch efo chi. Englyn gan Twm Morys ydi o, ac mae'r linell olaf yn frawychus o annisgwyl:

> Mae twrw ei henw hi – yn 'y mhen,
> Ac mae hynny'n profi
> Bod y weiren heb dorri:
> Y mae hi'n fom ynof i.

Fe wn yn iawn am y profiad sy'n cael ei fynegi yn yr englyn yna. Y teimlad o golled. Y teimlad na fedr bywyd gario 'mlaen hebddi. Fod y cyfan yn ddiwerth a phetai'r byd a phawb a phopeth sydd ynddo yn ffrwydro – gorau oll. Ond nid fy nghariad cyntaf go iawn a enynnodd ynof y teimladau hynny. Dim ond wyth oed oeddwn i ar y pryd pan syrthiais mewn cariad efo Wendy Hughes, a'r lleoliad unwaith eto oedd dosbarth Stephen Edwards. Prin iawn yw'r atgofion erbyn hyn o'r berthynas garwriaethol honno, gan mai dim ond oddi mewn i gyfyngiadau amlwg y dosbarth y byddem yn cyfarfod. Ond yr oedd un ddefod yn gysylltiedig â'r garwriaeth ddiniwed hon y byddaf yn ei chofio am byth – y ddefod o g'nesu'r poteli. Bob gaeaf byddai tanllwyth mawr o dân yn cael ei gynnau yn y grât yng nghanol y dosbarth, ac o gwmpas hanner awr wedi deg bob bore byddai poteli bychain o lefrith yn cael eu gosod i sefyll fel sowldiwrs mewn lifrai gwynion o flaen y tân i gynhesu'r cynnwys. Er mwyn dangos i Wendy ei bod hi'n golygu mwy i mi nag unrhyw ferch arall yn *Standard Four*, y fi fyddai'n cynhesu ei photeli hi, ac yn eu cludo draw i'w desg ar yr amser priodol. Hi heb os oedd y ferch gyntaf i greu unrhyw argraff arnaf, yn ei sandals brown a'i ffrog haf o gotwm ysgafn. 'Sgwn i sut argraff wnes i arni hi? Oes 'na ddyddiadur bach yn cuddio yng nghefn rhyw ddrôr yn rhywle, lle mae Wendy wedi sgwennu mewn pensal led:

Tachwedd 19, 1951. Mi gawsom ni wers gan Mr Edwards bore 'ma am fyd natur yn y gaeaf ac roedd yn rhaid i ni beintio llun y Robin Goch. Wedyn fe ddaeth Hywel â photel o lefrith draw i fy nesg. Roedd hi'n gynnes iawn. Hywel yn edrych yn ddel iawn yn ei sgidiau hoelion mawr, ei sanau llwyd, trowsus byr, crys gwyn a jyrsi goch.

A dyma ni o'r diwedd wedi cyrraedd y foment fawr. Cerddoriaeth, os gwelwch yn dda. Dyma Merêd i ganu'r gân werin 'Cariad Cyntaf':

Mae prydferthwch ail i Eden
Yn dy fynwes, gynnes feinwen,
Fwyn gariadus, liwus lawen,
Seren syw, clyw di'r claf.

91

Felly, pwy oedd y cariad cyntaf go iawn – y feinwen gynnes, fwyn, gariadus, liwus, lawen? Oherwydd na faswn i ddim eisiau datgelu cyfrinach y basa'n well ganddi hi ei chadw dan glo, fe ofynnais iddi am ganiatâd i sôn am y cyfnod hapus hwnnw yn fy mywyd. Ei henw oedd Rhiannon – merch brydferth iawn, yn ôl y disgrifiad ohoni yn y Mabinogi, yn gwisgo gwisg o sidan euraidd ac yn marchogaeth ceffyl. Neu, yn achos fy Rhiannon i, yn gwisgo gwisg ysgol ac yn teithio ar y bws o Lanfairpwll i Langefni bob dydd. Ar ddiwedd pob gwers, chwiliwn amdani: 'Chwilio'r celloedd oedd eiddi, a chwilio heb ei chael hi.' Och! Alar! Byddwn yn sgwennu llythyr caru ati'n ddyddiol a hwnnw wedi ei selio efo'r llythrennau S.W.A.L.K. neu B.O.L.T.O.P. neu I.T.A.L.Y. Y rhain o'u cyfieithu yw *Sealed With A Loving Kiss*, *Better On Lips Than On Paper*, ac yn olaf *I Trust And Love You*. Pan ganai'r gloch, ar ddiwedd y dydd, cerddwn efo hi at y bws fyddai'n ei chludo filoedd ar filoedd o filltiroedd o Langefni – yn ôl i'w chartref yn Number Five, Snowdon View, Llanfairpwll. Byddwn yn dal yr un bws Crosville ar ddydd Sadwrn ac yn galw amdani i fynd i'r pictiwrs yn y Plaza, Bangor, lle caem eistedd gyda'n gilydd yn y *double seats* yng nghefn y palas breuddwydion am ddwy awr gan osgoi gwylio cymaint o'r ffilm â phosib. Ar ôl dychwelyd i Lanfairpwll aem am dro weithiau i lawr at lan y Fenai i Bwllfanogl, neu ar ôl gofyn caniatâd ei rhieni ('Plis gawn ni fynd i'r parlwr, Mrs. Jones?') byddem yn mynd i'r stafell orau yn y tŷ, lle roedd soffa i ddau, a llonyddwch. Yng ngeiriau un arall a fagwyd yn Llanfairpwll, yr enwog John Morris-Jones, roedd ganddi hithau 'ddau lygad disglair fel dwy em' a gwên chwareus yn ei llygaid. Gwisgai ei gwallt mewn *pony-tail*, a honno wedi ei phlethu. Gymaint oedd fy nghariad tuag ati, pan benderfynodd dorri ei gwallt fe ofynnais a gawn i gadw'r *pony-tail*, ac mi wnes am o leiaf flwyddyn, mewn bocs hir coch lle cadwai Nain gyllell a fforc ar gyfer torri cig y cinio dydd Sul.

Un o'r caneuon pop mwyaf poblogaidd ar y pryd oedd 'Teenager in Love', ac roedd geiriau'r gân yn dweud y cyfan am y ffordd yr oeddwn i'n teimlo ar brydiau:

> Each time we have a quarrel
> It almost breaks my heart
> 'Cause I'm so afraid
> That we will have to part,
> Each night I ask the stars up above
> Why must I be a teenager in love?

Pan ddaeth yn amser i mi adael yr ysgol a mynd i'r coleg, teimlwn fod yn rhaid i mi rywsut neu'i gilydd ddiogelu fy nghariad rhag y bleiddiaid yn y chweched dosbarth oedd yn prowlan o gwmpas coridorau'r ysgol yn barod i'w dwyn oddi arnaf. Felly dyma ofyn ffafr gan un o'm ffrindiau.

'Dafydd, ti'n gwbod 'mod i'n mynd i'r coleg, 'dwyt?'

'Ydw, i Gaerdydd.'

"Na chdi. Gwranda, 'nei di edrach ar ôl Rhiannon i mi?'

'Gnaf siŵr.'

O edrych yn ôl, roedd hi'n dasg rhy anodd. Ro'n i'n gofyn gormod. Be oedd Dafydd i fod i'w wneud? Sicrhau ei bod hi'n byw fel lleian nes down i'n ôl o'r coleg ar ddiwedd y tymor a'i lluchio ar fy ngheffyl gwyn a charlamu dros y gorwel i gyfeiriad sinema'r Plaza? Mi gadwodd Dafydd ei air ac edrych ar ei hôl hi – cyn ei phriodi yn y pen draw. Mae eu merch, Nia Parry, yn un o gyflwynwyr S4C, a phan fydda i'n ei gweld hi ar y sgrin, yn edrych mor debyg i'w mam, fe ddaw geiriau'r clasur o gân gan Sandie Shaw i'r cof: 'Always something there to remind me.'

ERYL CRUMP

MOPIO HEFO MAPIAU

Bore Nadolig oedd hi ac yn fachgen wyth oed deffroais yn gynnar i weld oedd Siôn Corn wedi ymweld â'n tŷ ni ym Mlaenau Ffestiniog. Er fy mod yn credu mai pendwmpian yn unig a wnes i'r noson honno, rhywsut neu'i gilydd mi gollais ymweliad y gŵr caredig. Ond ar y gadair ger y gwely yn y llofft bach roedd cas gobennydd a hwnnw'n llawn o barseli.

Wrth gwrs, roeddwn wedi danfon llythyr at Siôn Corn yn fy sgwennu sownd gorau ac fe godais yn ddistaw i weld beth oedd wedi cyrraedd. Wel, doedd eu bodio ddim yn ddigon da ac yn fuan roedd 'na set Meccano, llyfrau darllen, pensiliau lliwio ac ati ar y gwely a'r llawr wedi'i orchuddio â phapur lliwgar.

Un o'r pethau ar fy rhestr i Siôn Corn oedd pêl-droed go iawn. Peli glan môr rhad oedd gennym ni, hogia ardal Tanrallt, ac roedd 'na ddyhead am gael o leiaf un bêl er mwyn cael gêm go iawn yng Nghae Gell. Roedd 'na un parsel ar ôl yng ngwaelod y sach ac wrth ei weld, cododd fy nghalon. Mi oedd yn barsel bychan ond roedd pêl-droed yr adeg honno mewn dau ddarn ac angen i chi bwmpio gwynt i mewn i'r bêl rwber oedd yn cuddio tu fewn i'r bêl ledr. Credais felly, ar y dechrau, mai pêl oedd hon.

Ond wrth ei godi, roedd yn galed yn erbyn fy llaw ac roedd 'na rywbeth yn sownd ynddo. Rhwygais y papur a chael nad pêl oedd yno, ond glob, un bychan crwn ar stand, ac roedd yn mynd rownd a rownd. Er fy siom nad pêl-droed oedd yn fy llaw, dyma'n union beth roeddwn i ei eisiau. Roedd un tebyg ym mhob dosbarth yn Ysgol Bechgyn Maenofferen, ac yn ystod yr amseroedd chwarae prin hynny pan oedd y glaw yn ein rhwystro rhag mynd allan, roeddwn wedi bod yn edrych ar y glob yn nosbarth Frank Roberts a Ted Breeze Jones.

Roedd y ddau yn ddylanwadau mawr arnaf, Mr Roberts am ei frwdfrydedd dros ddaearyddiaeth a Mr Jones am y bwrdd natur diddorol yn ei ystafell ddosbarth. Yn anffodus, chefais i ddim blwyddyn gyfan gyda Mr Jones. Cafodd swydd arall tra oeddwn i yn *Standard 3*, ond roedd haden yr awydd i ddarganfod mwy am fy amgylchedd wedi ei phlannu a diolch i'r ddau am hynny.

Mi es â'r glob newydd i'w ddangos i'r ddau yn gynnar ym mis Ionawr ac fe gymharwyd hwnnw hefo'r un yn y dosbarth. Doedd dim llawer o wahaniaeth rhyngddyn nhw ond mi oedd lliwiau'r gwledydd yn wahanol. Gwyrdd a brown oedd y lliwiau amlycaf ar f'un i ond roedd 'na ambell sbloj o goch ar un yr ysgol – gwledydd y Gymanwlad ydyn nhw bellach ond teyrnas y *British Empire* oedd y rhain, er bod honno wedi dechrau dymchwel ers dros chwarter canrif erbyn hynny.

Ers diwrnod Nadolig roedd y glob newydd wedi cael lle amlwg ar y bwrdd bach wrth ochr y gwely, a dyma'r peth cyntaf roeddwn yn ei weld bob bore. Dysgais ble roedd Cymru fach yn gorwedd ar y glob ac roedd yn edrych yn anhygoel o fychan o'i chymharu â gwledydd eraill. Er mwyn medru darllen rhywfaint o'r geiriau, cynilais fy mhres poced i brynu chwyddwydr yn Siop Cynan.

Mae'n amlwg bod fy rhieni wedi sylwi ar fy niddordeb oherwydd y Nadolig canlynol cefais anrheg werthfawr arall – *The Times Atlas of the World*. Os oedd y glob yn fychan, roedd hwn yn anferth o lyfr. Roedd mor fawr nes ei fod mewn bocs arbennig ac fe'i cadwyd yn y cas caled hwn wedyn. Mae yma yn y tŷ o hyd ac mae'n dal i fod yn y bocs.

Y peth cyntaf imi ei ddysgu oedd mai papur newydd oedd *The Times*. Ewadd, roedd 'na bapurau eraill ar wahân i'r *Daily Post* a'r *Caernarfon & Denbigh*! Roedd y wybodaeth yn yr atlas yn eang a thu hwnt i'm gallu ar y pryd, felly bodlonais ar edrych ar y lluniau o ryfeddodau'r byd – mynyddoedd yr Himalaya, geysers dŵr poeth Gwlad yr Iâ a Seland Newydd a chymoedd concrid dinasoedd mawr y byd.

Ac wrth gwrs, y mapiau. Darganfyddais Flaenau Ffestiniog yn llawer iawn cynt yn hwn, ac yn yr atlas roeddwn yn gweld ein lle yn y byd. Arweiniai llinell goch o'r dref i'r de tuag at Ddolgellau a buan y sylwais fod pob ffordd ym Meirion yn arwain yno. Doedd dim syndod, felly, mai Dolgellau oedd prif dref y sir. Ond roedd 'na dros 6,000 o bobol yn byw yn y Blaenau a chwta 2,000 yn Nolgellau. Doedd hynny ddim yn fy nharo'n deg, hyd yn oed yn naw oed.

I'r gogledd arweiniai llinell ddu ac yn ôl fy nhad, rheilffyrdd oedd y rhain. Roedd 'na fwy o'r rhain i'w gweld nag o ffyrdd, ond buan y newidiodd hynny wrth i fwyell Beeching daro a chael effaith arnom i gyd. Treuliais oriau lawer yn dilyn y llinellau coch a du o'r Blaenau i wahanol lefydd yng Nghymru, Lloegr a'r Alban a dysgais am enwau'r trefi a'u lleoliad. Ar y pryd doedd arnaf ddim awydd mynd i'w gweld, ond roedd hynny ar fin newid.

Penderfynwyd ei bod yn bryd i ni fynd i ffwrdd ar wyliau fel teulu a Llundain oedd dewis fy rhieni. Yn ystod y rhyfel bu fy nhad yn y ddinas am gyfnod pan oedd y Doodlebugs yn taro, a chredaf nad oedd wedi bod yn ôl yno ers hynny. Roedd y car newydd yn y garej yn golygu y gallai taith o tua 200 milltir gael ei hystyried o ddifri ond doedd Dad ddim yn siŵr o'r ffordd. 'Rhy fawr', meddai, pan gynigiais yr atlas ac fe archebwyd map gan yr AA am 3/6. Cyrhaeddodd hwn ymhen ychydig ddyddiau a doedd o'n ddim byd tebyg i fap. Ar draws dwsin o dudalennau roedd mapwyr yr AA wedi llunio'r ffordd o Flaenau Ffestiniog i ganol Llundain.

Fel cyn-fecanic, a dreifar achlysurol, ar fysus Crosville roedd Dad yn gwybod y ffordd i Langollen a'r Waun, fel yr awgrymai'r cyfarwyddiadau. Roedd ganddo syniad o'r ffordd i'r Amwythig hefyd ond roedd y ffordd y tu hwnt i hynny yn ddieithr iawn. Fy ngwaith i, fel teithiwr sêt flaen, oedd darllen y cyfarwyddiadau a chadw golwg am y seins – yr A5 i Gailey Junction ger Cannock a Brownhills ger

Tamworth ac yna ar hyd yr A45 i Coventry cyn cyrraedd yr M1 ac i lawr i Lundain. Ymlacio rhywfaint wedi cyrraedd y draffordd gan fod y traffig ar y dydd Sadwrn braf hwnnw o haf yn ysgafn iawn. Daeth llawer tro ar fyd!

Unwaith i ni adael y ffordd honno roeddem yn ôl ar yr A5 drwy Edgware ac fe gafwyd hyd i'r gwesty yn Sussex Gardens, Paddington yn rhyfeddol o rwydd, diolch i'r llyfryn hwylus. Daethom adra'r un ffordd heb fawr o drafferth ar ôl dod o hyd i'r draffordd. Rwy'n cofio'r ganmoliaeth o'r sêt gefn – fu Mam erioed yn ddreifar ond doedd dim ots am hynny. Yn rhyfedd iawn, os ydw i'n mynd i Lundain byddaf weithiau'n cymryd yr A45/M45 drwy Coventry i'r M1. Does dim eglurhad am hyn.

Buom yn defnyddio mapiau cyffelyb am rai blynyddoedd wedyn. I gadw'r ddysgl yn wastad, Caerdydd oedd ein cyrchfan am wyliau'r flwyddyn wedyn.

Aeth yr AA â ni i lawr yr A470 yn ddidrafferth. Bellach mae'r ffordd yn un ddeuol o Gefncoedycymer bron i ganol ein prifddinas. Ond yn ôl yn 1966 roedd rhaid mynd drwy'r pentrefi bychain yn y cymoedd ar ôl Merthyr Tudful. Olygai'r un ohonynt ddim i ni fel Gogs ac aethom ar gyfeiliorn mewn un pentre. Rhes ar ôl rhes o dai a dim golwg o arwydd yn ein cyfeirio tua Chaerdydd, a bu'n rhaid gofyn i ddynes am gyfarwyddiadau. Rwy'n cofio'r car yn troi rownd ger Ysgol Pantglas, Aber-fan.

Yng ngwersi 'Geography' Ysgol y Moelwyn – ie, a 'lessons History ac ambell i lesson yn Welsh, chwarae teg' fel y canodd y Brenin Dafydd – daeth math arall o fap i'm sylw. Roedd yn rhaid i ni edrych yn ofalus ar ddarn o fap Ordnans Syrfei (OS) ac adnabod ffurfiau'r tir ac arwyddion arbennig. Roedd rhai o'm cyfoedion yn cael trafferth ond roeddwn i'n mwynhau'r dasg. Doeddwn i ddim yn deall bod mapiau fel hyn dros y wlad i gyd nes i Dad brynu map clawr coch. Dolgellau oedd ar flaen y clawr a'r map oddi mewn wedi ei blygu'n ofalus. Sôn am drysor. Fel plant roedd rhwydd hynt i ni grwydro lle bynnag y mynnem ar gefn beics neu ar ddwy droed. Yr unig orchymyn oedd ein bod ni adre i de a ddim yn (rhy) fudr.

Gyda'r map hwn, er nad ar y raddfa fwyaf manwl, roeddwn yn gweld lle roeddwn wedi bod yn cerdded – i Gwmorthin ac i fyny'r Rhosydd, am y Manod Mawr o Gwm Teigl ar droed ac i lawr i Faentwrog a Phenrhyndeudraeth ar gefn beic. Reid ffantastig i lawr allt bron yr holl ffordd. Dipyn o gamp oedd reidio'n ôl ar gefn beic heb gêrs!

Dan oruchwyliaeth rhai o'r athrawon – Alvin Jones PE oedd yn gyfrifol am Wobr Dug Caeredin yn fy nyddiau i – cawsom fel hogia gyfle i ddefnyddio'r map i ffeindio'n ffordd ar draws tir agored. Dyma fagu blas ar fynd yn uwch. Aethom yn syth i ben y Moelwyn a doedd dim stop arnom wedyn – Cader Idris, Moel Siabod ac yna Tryfan, cyn concro mynydd mwya Cymru, yr Wyddfa.

Nid pawb oedd yn medru defnyddio map fel hogia Blaenau. Rwy'n cofio cynorthwyo – ond mewn gwirionedd bod yn niwsans llwyr – wrth i dimoedd achub mynydd fynd ati i chwilio am grŵp o Sgowtiaid oedd ar goll yn Eryri. Fe gafwyd hyd iddynt yn ddiogel ond roedd yn dipyn o ddigwyddiad.

Wrth ymweld ag ardaloedd eraill yng Nghymru a thu hwnt y peth cyntaf i'w brynu oedd map OS, ac wrth i'r blynyddoedd fynd heibio adeiladwyd casgliad swmpus.

Rydw i wedi gorfod prynu ail neu drydydd copi o rai ohonynt am eu bod wedi treulio gymaint. Bu'n rhaid imi hefyd brynu copi newydd o'r map OS sy'n dangos Pen Llŷn ar ôl i wynt cryf ei chwythu o'm llaw ger Uwchmynydd. Joban i'r *Daily Post* oedd hi ar ddiwrnod gwyntog o wanwyn. Roedd y stormydd wedi caethiwo grŵp ar Ynys Enlli am rai wythnosau, ond o'r diwedd gostegodd y gwynt ddigon i alluogi cwch i lanio i'w hachub. Bryd hynny roedd gen i set gyfan o fapiau OS yn y car – doeddwn i ddim yn gwybod pryd y byddent yn ddefnyddiol. Wrth chwilio am y ffordd orau o Uwchmynydd i Borth Meudwy tynnais y map allan o'r cas a'i agor – a dyna'r tro olaf imi ei ddal yn fy llaw!

Bellach, rwy'n hoffi pori mewn siopau llyfrau ail-law neu siopau elusen am hen fapiau OS: mapiau yn dangos yr A5 yn ymlwybro drwy'r trefi a'r pentrefi ar hyd yr arfordir cyn adeiladu'r *Expressway*, a map Beddgelert a Rhyd-ddu sy'n dangos Rheilffordd Eryri fel 'dismantled railway'. Tydi hi ddim ers 2009! Mae'n rhyfedd gymaint o newid sydd wedi bod i'r dirwedd yn ystod fy mywyd i. Cefais hyd i fap OS ardal Dolwyddelan oedd yn dangos cynllun i adeiladu argae uwchben y pentref ar gyfer gorsaf gynhyrchu trydan. Testun stori i'r *Daily Post* ond bod y dyddiad 1969 arno!

Diflannodd y glob bach yn fuan ar ôl imi symud o'r Blaenau ond mae'r *Times Atlas* yn dal yn fy meddiant, wedi ei storio'n ofalus ac yn dod allan yn awr ac yn y man. Mae'n cael ei gadw gyda'r storfa o fapiau amrywiol eraill sydd wedi eu casglu dros y blynyddoedd. Prin fuasai fy rhieni wedi meddwl y byddai anrheg Nadolig syml,

rhywbeth i lenwi hosan go iawn, wedi magu'r fath
ddiddordeb yn fy nghalon – diddordeb sydd wedi parhau
ers dyddiau fy mhlentyndod ac sy'n bleser pur.

GAYNOR DAVIES

PWY OEDD FY NGHARIAD CYNTAF?

Dyma ni gwestiwn – pwy neu be oedd fy nghariad cyntaf? Dwi wedi pendroni ynghylch hyn ers amser a deud y gwir. Mae'n bwysig ei gael yn iawn.

Beth am y tegan cyntaf dwi'n ei gofio, yr un na fedrwn i ddisgyn i gysgu hebddo, na fedrwn i bron fynd i unman hebddo? Panda bach du a gwyn oedd o – wel, ar y cychwyn beth bynnag – ac yn ôl y sôn roedd o'n gwneud rhyw wich fach wrth ichi bwyso ei fol. Dwi ddim yn cofio hynny, jest yn cofio rhyw damad o weiar go boenus a phigog pan o'n i'n ei wasgu mewn rhyw ffordd anffodus – i mi! Ddoth hwn hyd yn oed hefo fi i'r coleg, er, dwi'n credu y byddai rhywun yn ei ddisgrifio fo'n fwy 'pỳg' yr olwg o ran lliw erbyn hynny. Ond y gwir ydi nad ydw i ddim yn gwybod lle mae'r hen greadur bellach. Collodd ei apêl wedi i un o'm 'ffrindiau' coleg chwydu drosto fo ar ôl rhyw noson go wyllt!

Diolch am hynna! Na, falle nad ydi'r panda druan dienw, er mor annwyl oedd o, ddim yn haeddu ei le fel fy nghariad cyntaf.

Beth am dyfu i fyny ychydig a symud at fy nghar cyntaf? O! Y llawenydd! Y syrpréis hefyd! O'n i newydd gael fy swydd gyntaf, ac felly fy nghyflog cyntaf, ac yn ysu i gael prynu a bod yn berchen ar fy nghar cyntaf. Roedd dal y No. 25 o Benylan i Bontcanna yng Nghaerdydd wedi hen golli ei ramant, felly hefyd ddal y trên o Gaerdydd i Landudno i gael dod adra i sadio fy nhraed ar y ddaear mor aml â phosib. A deud y gwir, tydw i ddim yn un dda am deithio mewn trên. Alla i wneud siwrna *direct* os oes rhaid, ond os oes 'na newid, yn Crewe er enghraifft, dwi'n dechrau mynd yn *twitchy*, ac yn gorfod perswadio fy hun i beidio codi o fy sêt a mynd i sefyll yn barod wrth y drws tua'r Rhyl!

Beth bynnag, 'nôl at ddiwrnod prynu y car cyntaf. Doedd y cyflog cyntaf yna ddim yn un anferthol a deud y lleiaf, felly roedd y freuddwyd am y Lamborghini (sef fy nghar tegan Dinky cyntaf) wedi ei rhoi i'r naill ochr, am y tro. Roedd y golygon wedi eu serio ar realiti, a'r gobaith falle am ryw hen VW Beetle neu Moggy Thou. Wrth gamu'n flinedig oddi ar y trên yng Nghyffordd Llandudno (wel, mi o'n i wedi bod yn sefyll wrth y drws ers Gaer!), roeddwn i'n falch iawn o weld Mam yn aros amdana i. Fodd bynnag, cyn cael mynd adra i'r tŷ i sadio'r nerfau a mwynhau cael ista i lawr a phaned hirddisgwyliedig, roedd rhaid piciad i Red Garages i nôl Dad oedd wedi mynd â'i gar yno am *service* – neu rwbath! Rhaid cyfaddef, doedd gen i fawr o fynedd dod allan o'r car a mynd i chwilio amdano, ond roedd Mam yn mynnu. Rhyngddoch chi a fi, ychydig bach yn annheg, o'n i'n teimlo, oedd hyn. Wedi'r cwbl, y fi oedd wedi trafaelio yr holl ffordd adref o Gaerdydd. Pam na fyddai fy chwaer fach, oedd yn ista yn y cefn, yn gwenu'n smyg, yn mynd? O wel, doedd waeth i mi heb â dadlau, ac i ffwrdd â fi. Doedd hi ddim yn anodd dod o hyd i Dad ynghanol y ceir sgleiniog newydd sbon, yn sgwrsio'n hapus gydag un o ddynion y garej.

'Aa, dyma hi,' medda fo, 'y ferch ganol, yr un anodd a drwg.'

Dwi wedi cael fy nghyflwyno yn y modd yma ers . . . erioed, felly erbyn hyn tydw i ddim hyd yn oed yn ei glywed, ac yn sicr tydi o ddim yn cael unrhyw effaith arna i. Er, dwi'n credu ei fod o wedi cael ychydig mwy o effaith ar foi y garej o'r edrychiad ges i ganddo fo, wrth iddo feddwl, mae'n siŵr, 'Be mae hon 'di'i neud i haeddu hynna?' Cwestiwn da a theg – be wnes i i haeddu'r teitl teuluol yma?!

Ta waeth, dyma lle mae'r cariad angerddol yn dod i mewn i'r stori yma – na, nid hefo boi y garej, ond hefo'r car oedd yn llechu yn y cefn, tu allan i'r *showroom* gwydr smart. Wel, a bod yn deg, mae'n siŵr nad oedd o ddim yn haeddu ei le ynghanol y ceir newydd sbon, ond mi enillodd yr hen Escort bach coch Mark 3 ei le yn fy nghalon i'n syth, bron.

'Be ti'n feddwl o hwn?' medda Dad.

'Iawn 'de,' medda fi heb fawr o ddiddordeb ar ôl gweld y pris oedd wedi ei arddangos ar y windsgrin.

'Ti'n licio fo?'

Wel, oeddwn, siŵr iawn, ond dwi wedi hen ddysgu fod be dwi'n licio a be dwi'n gael yn ddau beth hollol wahanol.

Ond nid dyma fel roedd hi yn yr achos yma!

'Fyddat ti'n licio i ni helpu chdi i brynu hwn?' gofynnodd Dad.

Cwestiwn twp a rhethregol os buo 'na un erioed.

Dwi ddim yn siŵr wedyn pwy oedd fwya embarasd, Dad, boi y garej, 'ta fi, ar ôl i mi roi sws mawr i'r ddau ohonyn nhw a chlamp o un anferth ar fonet y car gan ddeud,

'Helô, car bach coch fi!'

'Merch ganol,' medda Dad fel rhyw fath o eglurhad.

Wedi deud hyn i gyd, ydi'r car hwn yn haeddu ei le fel fy nghariad cyntaf? Pan ddaeth y car nesaf ymhen rhyw gwta ddwy flynedd, VW Golf Mark 2 coch, roedd y cyffro bron gymaint, a wnes i ddim meddwl ddwywaith na cholli deigryn wrth ffarwelio â'r Escort Mark 3!

Falle dylwn i edrych ar fy mywyd carwriaethol am y cariad cyntaf yna? Rhaid cyfaddef i mi ddechrau'n ifanc – iawn! Yn yr ysgol Sul roedd hyn, o bob man, a dwi'n gwybod 'mod i'n ifanc iawn gan nad oeddwn i'n ddigon mawr i gael eistedd ar fainc – ar un o'r cadeiriau bach, bach hanner crwn 'na roeddwn i, ym mlaen y festri. A dwi'n cofio y bues i'n gafael yn dyner iawn yn llaw y bachgen nesaf ata i am yr awr gyfan, ac yntau'n gwasgu yr un mor annwyl yn ôl. Dwi'n cofio hefyd redeg allan ar ddiwedd yr awr at Dad oedd yn aros amdana i a'm chwiorydd, a deud wrtho fo, 'Teimla cynnes ydi fy llaw i.'

'Argian fawr, ia,' medda fo gan afael ynddi. 'Be ti 'di bod yn neud, dŵad?'

'Gafael yn llaw Dewi Richards drw' ysgol Sul,' medda fi'n falch.

'Hm, merch ganol, trwbwl i ddod,' oedd ymateb tawel

Dad, gan roi rhyw olwg ddigon cyhuddgar ar Dewi Richards druan a'i fam!

Mewn gwirionedd, dwi ddim yn credu fod hwn yn haeddu ei le fel y cariad dylanwadol cyntaf 'na chwaith. Doedd o ddim yn rhywbeth ro'n i isio ei wneud eilwaith, ac a deud y gwir roedd llaw Dad dipyn brafiach i afael ynddi – llai poeth a chwyslyd!

Mi ydw i'n cofio, pan o'n i rai blynyddoedd yn hŷn, am un bachgen oedd yn gwneud i 'nghalon i guro'n gynt, ac i 'ngwaed i bwmpio a rhuthro drwy'r corff. Un oedd, ond i mi glywed ei enw, yn ddigon i wneud i 'mhenna glinia i ddechrau gwegian. Mae'r rheina yn arwydd o gariad, nag'dyn ddim? Dwi'n cofio breuddwydio am gael ei briodi, breuddwydio mai fi oedd yr un fyddai'n llwyddo i'w ddenu o blith y toreth o ferched oedd yn ei ffansïo. Crio o waelod calon wrth glywed ei lais. Ar fy nghyfer i yn unig roedd y geiriau 'na, 'I'll love you till the 12th of never, and that's a long, long time!', pan oedd o'n eu canu ar *Top of the Pops*. Taswn i ond yn medru ei gyfarfod, fyddai Donny Osmond yn siŵr o fod yn teimlo'r un fath amdana i!

'Pam ti'n crio?' medda Dad, wrth fy ngwylio yn fy nagrau, yn gwisgo fy nghrys T piws (hoff liw Donny Osmond ichi gael dallt – wel, yn ôl y llyfr 'Ffeithiau difyr nad oes neb yn eu gwybod am Donny' ges i wrth ymaelodi â'r Donny Osmond Fan Club).

''Dach chi jest ddim yn dallt!' medda fi wrth fartsio allan o'r stafell fyw a chau'r drws yn glep – ar ddiwedd y gân, wrth gwrs! Ond y gwir ydi, mae'n siŵr, mai 'puppy love' yn unig oedd hwn, ac mai 'hen lol' oedd o i gyd, fel ddudodd Dad.

Does dim dwy waith, fodd bynnag, i mi brofi nifer o'r symtomau cariadus yma hefo bachgen oedd yn fwy o fewn fy nghyrraedd hefyd. Cyfnod cyffrous ofnadwy oedd hwnnw, ac roedd o'n fachgen tu hwnt o olygus (rhywbeth tebyg i Donny Osmond ynddo fo!). Roedd fy stumog yn rhoi rhyw naid fach bob tro fyddai o'n gwenu arna i yng nghoridorau'r ysgol, a 'ngwyneb yn cael ei haneru gan y wên pan fyddai'n pasio neges i mi wedi ei sgwennu ar bapur wedi ei rwygo o'i *rough book* (cofio rheina?!). Mi fyddai'r tamad papur yma yn mynd 'nôl a 'mlaen rhyngddon ni nes ei fod wedi ei lenwi ac angen cychwyn un o'r newydd. Fersiwn y 70au o ddanfon tecst heddiw, siŵr o fod.

Roedd o, Mr Gorjys, flwyddyn yn hŷn na fi yn yr ysgol, sefyllfa oedd yn ennyn ychydig o giwdos ymysg fy ffrindiau, ond a ddaeth hefyd i fod yn faen tramgwydd i'r berthynas berffaith yma. Roedd o yn cael mynd allan i ddisgos neu ddawnsfeydd, llefydd oedd allan o 'nghyrraedd i, er crefu a strancio a phwdu a chlepio drysau nes bod y tŷ yn crynu! 'Rhy ifanc, flwyddyn nesa falle,' meddai fy rhieni creulon, oedd, dwi'n siŵr, yn mwynhau pob eiliad o gael merch ganol, anodd, yn ei harddegau yn y tŷ!

Ond o! Roedd 'blwyddyn nesa' yn rhy hwyr! Yn amlwg, doedd y 'lyf of mai leiff' ddim yn fy ngweld i fel y 'lyf of his leiff', a falle nad ydi hormons bechgyn yn eu harddegau wedi eu gwneud i aros yn amyneddgar a ffyddlon. Doedd Romeo ddim yn fodlon jest siarad hefo'i Juliet o'i balconi, a doedd hi fawr o dro cyn iddo ffeindio Juliet arall oedd yn fwy na hapus i ddod i lawr o'i balconi, a bod ar yr un lefel â fo! Wrth gwrs, roedd hi'n hŷn na fi, oedd yn gysur bach

108

(iawn!) o feddwl y byddai hi'n ddeugain o 'mlaen i – dros flwyddyn o 'mlaen i! Ha!

Ond mi wnes i dorri fy nghalon – yr wylofain a'r crensian dannedd, y tantrym a'r dagrau – a beio fy rhieni am beidio gadael i mi fynd i'r ddawns dyngedfennol yna yn Llansannan!

'Tasa fo'n fachgen gwerth ei halen, fydda fo wedi aros amdanat ti, ac wedi gweld pa mor lwcus fydda fo i dy gael di'n gariad,' medda Dad druan wrth y lwmp dagreuol dan y dwfe.

Sŵn udo uwch!

'Duwcs, *plenty more fish in the sea*!' Nid y sentiment calla a rannodd Dad erioed!

'Dwi ddim isio dim un *fish* arall,' meddai'r lwmp hysterical, gan ddiflannu yn is o dan y dwfe! Mi gafodd 'na hances fawr wen ei phasio'n dyner o dan y dwfe, cyn i ddrws y llofft gael ei gau yn dawel, ond yna ei ailagor ymhen rhai munudau a llais Dad yn deud yn obeithiol,

'Mae Donny Osmond ar *Top of the Pops*.'

'Waaaaaaaa!'

Yn sicr, mae hwn yn haeddu bod y tro cyntaf i 'nghalon gael ei thorri'n rhacs, ac mi barodd y gwewyr annioddefol yna am o leiaf dwy, os nad tair wythnos! Ond cariad cyntaf? Hmmm, dwi ddim yn meddwl.

Yr hyn sy'n dod â fi'n ôl felly i holi'r cwestiwn, pwy neu be oedd fy nghariad cyntaf?

Dwi'n teimlo na ddylwn i orfod meddwl rhyw lawer am hyn; y dylai'r ateb fod yn rhywbeth mae rhywun yn ei wybod yn reddfol – rhywun neu rywbeth sydd wedi cael cymaint o ddylanwad neu effaith arna i nes ei fod yn rhan annatod o fy modolaeth, a hebddo na fyddwn i ddim y person ydw i heddiw.

Cariad Cyntaf, rhywbeth na fydda i byth yn anghofio ei deimlo, ac o'i golli na fydda i byth cweit yr un fath, a'r golled yn fy llorio, er bod yr atgofion yn fy llonni. Deud mawr – ond drwy ei ddeud mae'r ateb yn amlwg, ac wedi bod yno o'r cychwyn, o'm cychwyn. Mor amlwg! Fy arwr, fy angor, fy Nghariad Cyntaf – DAD!

Wedi mwynhau'r gyfrol hon?
Beth am fynd ati i ddarllen y gyfrol gyntaf yn y gyfres,
Fy Nghar Cyntaf?
Dyma lyfr hwyliog arall lle cawn fwynhau anturiaethau
dwsin o bobol ar bedwar olwyn, gan gynnwys
Idris Charles
Mari Gwilym
Emlyn Richards
Harri Parri a Gari Wyn

Ar gael yn eich siop lyfrau lleol neu ar wefan gwales:
www.gwales.com